KB073284

처음으로 HR시스템을 도입하려는 담당자에게,
체계적인 HR시스템을 구축하려는 담당자에게,
방법을 몰라 막막해하는 담당자들에게,

20여 년간 중소기업 HR시스템을 구축한 학습과 경험을 통해
체계적인 HR시스템을 구축할 수 있는 방법론을 제시한다.

THE BUSINESS SERIES-9

우리 회사의 미래를 결정하는
인적자원관리

초판 1쇄 인쇄 2021년 4월 16일
초판 1쇄 발행 2021년 4월 23일

지은이   송왕제 정기준
펴낸이   한준희
펴낸곳   ㈜새로운 제안

책임편집 이도영
디자인   이지선
마케팅   문성빈 김남권 조용훈
영업지원 손옥희 김진아

등록   2005년 12월 22일 제2020-000041호
주소   (14556) 경기도 부천시 조마루로 385번길 122 삼보테크노타워 2002호
전화   032-719-8041
팩스   032-719-8042
홈페이지 www.jean.co.kr
Email   webmaster@jean.co.kr

ISBN   978-89-5533-610-8 (14320)
         978-89-5533-611-5 (15320) 전자책
         978-89-5533-558-3 (14320) 세트

THE BUSINESS SERIES-9

우리 회사의 미래를 결정하는

인적자원 관리

Human Resources Management

송왕제 · 정기준 지음

새로운 제안

주요 저자

이 책의 주요 저자는 대학에서 법학을 전공하였다. 따라서 대학을 졸업하고 처음으로 사회에 발을 내딛으며 담당했던 업무는 소송을 주로 하는 법무업무였다. 그러나 법무업무가 그리 재미있지만은 않았고, 이후 총무 담당자를 찾는 채용공고를 보고 이직을 결심하게 되었다. 총무이기는 하지만 법무업무를 겸할 젊은 직원을 찾고 있어서 비교적 쉽게 입사가 가능하였다.

이직한 회사는 R&D 위주의 상장회사였다. 이 회사는 지적재산권과 회사 주식 관련하여 예견되는 각종 분쟁에 대처하기 위해 소송 진행 경험이 있는 직원이 필요했던 것이다. 그러나 실제로는 법률분쟁이 거의 발생하지 않아 해당업무의 양은 많지 않았다. 해당 업무만으로 한 사람의 일거리가 채워지지 않아 노동법을 기초로 하는 인사업무가 추가로 배정되었다. 이 우연한 기회가 현재까지 20년 이상 인사쟁이로 살게 되는 출발점이 되었다.

그러나 법학 전공자가 인사업무를 수행하는 데는 어려움이 있었다. 대부분의 구성원이 경영학 전공자들로 이루어진 관리부서에서 소통하는 것도 쉽지는 않았다. 이를 극복하기 위해 한국방송통신대학교 경영학과에 편입하여 인사관리를 중심으로 공부하였다. 또한 스스로 업무에 대한 완성도를 높이기 위해 필요한 교육들을 찾아서 들으며 내공을 쌓아 나갔다. 지속적인 학습들을 통해 법무담당자에서 인사담당자로의 변신을 이루어나갔다.

이후 세 번의 이직을 하는 동안 이직과 같은 횟수의 인사제도 구축을 진행하였다. 나를 필요로 하여 채용한 회사들은 매출성장을 통해 외형이 커져가는 회사들이었다. 외형의 성장에 맞는 체계적인 인사제도를 갖추고자 하는 needs를 갖고 있는 곳들이었다. 따라서 단순히 인사행정 서비스를 제공하는 인사담당자가 아닌 기획역량을 보유한 전문성 있는 인사담당자를 원했던 것이다.

이직 초기에는 기존에 재직했던 업체와 네트워크를 통한 중견기업들의 제도를 모방하여 전체적인 틀을 잡고 여기에 경영자가 원하는 내용들을 추가하는 방식으로 인사제도 설계를 하였다. 경영자들은 그렇게 만들어진 제도의 외형에 어느 정도 만족하는 듯했다. 또한 이렇게 설계된 제도들은 나름 잘 운영되는 것처럼도 보였다. 그러나 시행만 될 뿐 직원들이 만족하거나 조직이 잘 운영되고 있다는 느낌을 스스로 받지는 못하였다.

다른 회사의 내용을 벤치마킹하여 답습한 인사제도를 실제 운영하면서 실행 초기와 다르게 한두 해 지나면 제대로 실행되지 않고 흐지부지 되는 경우들도 발생하였다. 그러나 누구도 이것이 제도를 설계한 새로 온 인사담당자의 탓이라고 생각하지는 않는 듯했다. 오히려 성숙하지 못한 회사 자체의 문제라 여겼고, 그나마도 체계를 갖추게 되어 좋다는 인식을 갖고 있는 듯했다. 회사의 구성원들 또한 제대로 실행이 되지 않은 데 대한 반성보다는 상황에 적합한 구실을 언급하는 방향으로 자위하는 모습이었다. 각종 교과서에 나와 있는 내용은 이론일 뿐이며 현실과는 다르다거나, 대기업은 시스템이 잘 갖추어져 있어서 각종 제도의 실행이 효과적으로 가능하나 중소기업에서는 불가능하다는 자조적인 인식이 매우 강하였다.

또한 경영자의 의견을 반영했다고는 하나 경영자의 실질적인 니즈가 정확히 반영되었는지는 알 수 없는 것이었다. 경영자의 요구사항을 살펴보면 본인의 경영철학을 토대로 언급 했다기보다 주위에서 들은 좋은 내용만 말하는 경우가 많았다. 실제 운영을 하는 과정에서 오히려 경영자 자신이 제도에 정해진 절차나 취지를 파괴하는 경우가 발생하기도 했다. 잘못 설계된 제도 중 일부는 경영자의 평소 생각과 요구된 내용이 달랐다. 그럼에도 불구하고 경영자가 말로 설명한 내용대로 제도가 설계되었다. 이 부분은 경영자와 함께 의견을 조율하여 반영하는 방법을 알지 못했다고 하는 것이 더 정확하다.

당시까지 인사담당자로서 나의 반성은 '제대로 실행할 수도 없는 제도를 멋있게 설계했다'는 것이다. 이런 경험을 통해 회사에 지속적으로 적용 가능한 인사시스템에 대한 목마름으로 해법을 찾던 중 이 책의 공동저자인 정기준 컨설턴트를 만났다. 회사에 필요한 제도를 찍어내듯 만들기보다는 내가 갖고 있던 의문들에 대해 함께 논의하고 근본적인 해결책을 찾기 위해 함께 많은 시간 고민하였다. 이렇게 함께 고민한 결과물이 이 책에 적은 대부분의 내용들이다.

공동 저자

이 책의 공동저자는 기업 공채로 입사하여 인사 담당자로 처음 인사 업무를 맡은 이후 제조업, 연구개발 기업, IT·게임업체를 거치면서 인사총괄 책임자로 근무한 경험이 있다. 최근 5년간은 경영지도사 자격을 보유하고, 인사 및 경영컨설턴트와 스타트업 액셀러레이터로도 활약하고 있다. 업종으로는 제조업부터 IT 및 문화콘텐츠산업까지, 기업 규모로는 스타트업에서 대기업에 이르기까지 인사는 물론 경영에 대한 폭넓은 안목을 가지고 회사와 구성원의 성장과 발전을 도모해 왔다.

최근 업계에서 많이 진행되는 HR컨설팅의 경우, 전문가에게 거액의 용역수수료를 지불하거나, 정부지원 컨설팅을 통해서 적어도 200~300페이지에 달하는 인사관리시스템을 통째로 설계하는 경우가 많다. 하지만 이런 책자는 담당자나 임원실의 책꽂이에 방치되는 경우가 허다한 것이 현실이다. 가장 큰 문제는 그 내용들을 이해하고 실행할 담당자가 없다는 것이다. 그러다보니 컨설팅의 목표를 설정할 때, 실무에서 사용하기보다 기한 내의 보고서 제출에 급급한 경우도 있다. 이럴 경우, 기업에서는 보고서 내용의 극히 일부를 제도에 반영하는 수준으로 마무리하곤 한다.

컨설팅의 의의는 경영상 이슈와 현황을 정확히 진단하고, 적합한 솔루션을 모색하여 문제를 해결하는 데 있다. 그리고 그 답은 항상 현장에 있다는 것이 그동안 컨설팅을 통하여 얻은 컨설턴트로서의 결론이다. 그런 측면에서 최근 컨설팅의 트렌드는 제도의 설계뿐만 아니라, 설계된 인사제도를 사용자가 잘 활용할 수 있도록 일정기간동안 교육과 운영을 전담해주기도 한다. 하지만 이 또한 기업측에서는 추가 비용이 발생하기 때문에 쉽게 결정하기 어려운 것이 현실이다.

컨설턴트로서의 반성은 '제도 설계만으로는 문제를 해결할 수 없는 것을 알면서도 실행에 소홀했다'는 점이다.

저자 공통사항

이 책에서 저자들이 강조하고자 하는 것은 인사제도의 설계는 보여
주기 위한 것이 아닌 실행을 목표로 해야 한다는 것이며, 그 실행을
위한 구체적인 방법은 책이 아닌 여러분 자신과 조직 내에 있다는
점이다. 그리고 이 부분은 제도를 설계한 컨설턴트가 직접 해결해
주지 못하는 부분이라는 것이다.

아무리 많은 내용을 적어도 이 책이 모든 답을 제공해 주지 못할 것
은 자명하다. 그러나 이 책을 읽는 여러분이 지금 하고 있는 고민을
조금 더 먼저 했고, 시행착오를 통해 깨달은 내용을 말해주고 싶어
서 이 책을 발간하게 되었다. 실행 가능하도록 제도를 설계하고 하
나씩 실행하다보면 언젠가는 제도가 문화로 발전하고, 그 문화가 또
다른 제도를 실행가능하게 하는 선순환 조직문화가 형성될 것이다.

경영학 관점에서 업무방식은 Plan-Do-See의 순환 사이클이다. 계
획하고 실행하고 검토하고, 다시 계획하고 실행하고 검토하는 과정
을 통해 점차 완성도가 높아지고 발전하는 것이다. 이를 인사제도에
적용한 제도가 성공하기 위해서는 담당자가 이와 같은 업무방식을
수행해야 하므로 노력과 시간이 소비될 수밖에 없다. 경영진의 지원
과 현업부서의 협조는 그 시간과 노력을 줄여줄 수는 있으나, 결국
제도를 설계하고 실행하는 과정에서 담당자의 끈기가 요구된다. 실
제 중소기업에서 이런 끈기 있는 인사담당자를 확보하는 것이 쉽지
않은 일이다. 이 책을 읽는 독자들이 서두르지 않고 차근차근 무언
가 만들어 나가는 노력을 통해 역량있는 인사담당자로 인정받은 후
조직 내에서 능력을 펼칠 수 있는 더 큰 기회를 얻을 수 있기를 기원
한다.

— 목차

03 │ 역량을 확보하기 위한 방법

2장 보상제도 설계하기

01

중소기업에서
인사시스템 구축하기

1장

중소기업 인사담당자의
고충 파악

—— 중소기업은 구조적으로 갖고 있는 문제가 있다

밀란 쿠버는 전 세계 경영컨설팅 업계의 교과서라 일컬어지는 본인의 저서에서 중소기업이 직면하고 있는 문제들을 나열하고 있다. 아마도 여러분이 속한 기업의 내용이면서 인사시스템을 기획해야 하는 여러분의 고충까지 들여다볼 수 있는 내용으로 보인다.

밀란 쿠버가 정리한 중소기업의 문제라는 것들이 모든 중소기업에 해당되지는 않을 것이다. 그러나 대기업과 비교하여 상대적으로 열악한 부분들임에는 틀림이 없다. 중소기업의 규모와 비즈니스 환경, 조직이 운영되는 시스템, 자금력과 같은 것들은 거의 유사하기 때문이다. 따라서 나열되어 있는 일반적인 문제들을 인식하고 여러분이 알고 있는 한국 중소기업의 문제를 추가한다면 여러분이 생각하는 중소기업의 내재적 문제들이 정리될 것이다.

필자도 중소기업을 경험했고, 그 경험을 기준으로 생각할 때 이 책에서 설명하는 인사제도 설계가 쉽지 않다는 것을 말해주고 싶다. 하지만 이것을 한계로 보지 않고 극복해야 할 환경으로 이해한다면 길이 보일 것이다. 필자가 경험한 고민과 대안을 이 책에 적으려고 한다. 여기에 각자 본인의 노하우를 추가해 능력을 인정받는 인사담당자가 되기를 바라는 마음으로 정리해 보고자 한다.

중소기업이 직면한 문제[1]

1. 경영자의 개인적 편견과 제한된 능력에도 불구하고 조직의 정책 · 관리 · 운영에 대한 모든 문제들을 개인적으로 처리한다.

2. 중소기업의 경영자는 부적절한 데이터나 최소한의 데이터만을 가지고서 기업을 운영한다. 또한 비용절감을 위해 정보시스템을 구축하지 않은 채 일을 처리하는 경향이 있는데, 기업이 어느 정도의 성장단계에 도달하면 이것은 커다란 약점으로 작용하게 된다.

3. 일반적으로 임금수준이 낮고 사회적 혜택이 부족하며, 고용안정성과 승진기회에도 한계가 있기 때문에 우수한 인력을 채용하는데 상당한 어려움을 겪는다.

4. 투자 대상으로서의 매력이 없기 때문에 자본조달에 엄격한 제한을 받는다. 이는 중소기업의 경영자들이 매우 빈번하게 겪는 문제로 운영상의 어려움을 겪고 있거나 사업을 확장하거나 위기상황을 처리하기 위해 추가의 자금을 끌어 들이려 할 때 이러한 제약을 받게 된다.

5. 경기침체와 불경기에 취약하다.

6. 신속하게 변화를 추진하고 새로운 환경에 적응하는 능력이 중소기업의 강점임에도 불구하고, 신속한 변화에 대한 요구가 갑자기 출현하는 경우에는 이러한 속성이 오히려 소멸되는 경우가 많다. 즉, 중소기업의 경영자는 당면한 운영상의 문제를 해결하는 데 너무 몰입한 나머지 사업적 전망에 대해 명확히 사고할 수 없게 되는 것이다.

7. 재정능력상 종업원들에게 훈련과 개발에 대한 기회를 제공하지 못함으로써, 기업 내의 인적자원이 가지고 있는 잠재능력을 깨닫지 못한다.

8. 대기업처럼 할인된 가격으로 원자재를 대량 구매함으로써 규모의 경제를 획득한다거나, 세련된 마케팅과 유통시스템을 활용한다거나, R&D와 시스템 설계팀을 운영하지 못함으로써 생산성 향상에 한계가 있다.

---

1 Kubr, Milan. (2012). 경영컨설팅-프로페셔널 컨설턴트를 위한 가이드 (한종극, 심재섭 옮김). 서울; 새로운제안

9. 일반적으로 몇 가지 종류의 제품이나 서비스만을 제공하기 때문에, 문제가 발생하는 경우 이를 극복하기 위한 다양한 활동을 전개할 수가 없다.

10. 정부의 규제 · 활동 · 면허 등을 제대로 이해하고 해석하지 못하는 경영자도 더러 있다.

───── 중소기업 인사담당자는 별도의 노력이 필요하다

지금 이 책을 읽는 독자들을 중소기업의 인사담당자라고 전제하고 자 한다. 자신이 속한 기업은 소기업에서 이제 막 중기업 수준으로 도약하려고 하거나, 최근에 중기업 규모로 성장한 회사에 속해 있을 가능성이 클 것으로 본다. 또한 사장님이나 관리담당 임원이 체계적 인 인사제도를 설계해보자는 의견을 주었거나 인사제도를 만들도록 지시를 한 경우일 것이다. 그것이 아니라면 조만간 그러한 지시가 있을 것으로 예상되어 사전에 무엇을 준비해야 하는지 미리 체크를 해보고자 하는 사람들일 것이다.

이와 같은 상황에 직면한 중소기업의 인사담당자는 인사제도 설계 에 필요한 학습을 스스로 해야 한다. 아무도 가르쳐주지 않고, 가르 쳐 줄 사람도 없다. 만약 경영자가 자수성가형 커리어를 갖고 있다 면 영업이나 개발 관련 직종 출신일 가능성이 높다. 다른 직종에 있 었다고 할지라도 회사의 업종이 HR서비스가 아니라면 경영자의 직 종이 HR분야일 가능성은 매우 희박하다. 또한 회사에 관리업무를 총괄하는 임원이 있다면 아마도 회계나 재무 출신일 가능성이 높다. 대부분의 소기업에서 회계는 필수기능이지만 인사는 필수기능이 아 니라는 점에서 감히 예측한 것이다. 여기서 말하고자 하는 중요한 핵심은 이 분들이 인사(HR)를 잘 모른다는 점이다.

인사관리 담당자의 직계상사인 임원이나 경영자가 HR을 잘 모른다 는 상황은 장점과 단점이 공존한다. 장점은 내가 열심히 하면 회사 내에서 나만의 독보적인 위치를 가질 수 있다는 것이다. 단점은 대 기업의 경우 일정 위치에 오르기까지는 상사가 시키는 대로 하기만 해도 되는 일을 중소기업에서는 경영진을 이해시키고 설득하면서 해야 한다는 점이다. 결국 양자 모두 대기업에 비해 더 많은 노력이 요구된다.

특히 자기 의견을 잘 이야기하지 못하는 성격이라면 직계상사들에게 설명을 하는 상황이 무척 힘들 것이고, 사전 자료준비가 소홀하다면 본격적인 의견을 표현하기도 전에 묵살당할 가능성도 높다. 또한 경영진이 이해를 못한 것이 아니고 본인이 상대를 이해시키지 못한 것이라는 피드백이 있을 것이다. 하지만 쉽게 가기 위해 그냥 급여계산이나 하고, 위에서 시키는 대로 양식 만들어서 평가 진행하고, 경영자가 정해주는 대로 연봉 정리해서 직원들에게 통보하는 일만 할 수는 없지 않은가. 쉽게만 간다면 자칫 당신의 40대 이후는 임원의 비서나 집사 역할 말고는 할 수 있는 것이 없는 무척 난감한 상황에 빠질 수도 있는 것이다.

인사담당자는 스스로 학습에 대한 강력한 동기부여를 해야 한다. 정말 특별한 상황이 아니라면 도중에 학습의 동력이 떨어질 수밖에 없는 환경이 존재하기 때문이다. 중소기업의 특성상 주위 동료들 중 스스로 학습하는 인원이 많지 않고, 또한 학습하라고 권하지도 않는 분위기가 많기 때문이다. 또한 나름 학습을 독려하는 환경이라 해도 이런저런 핑계로 학습을 하지 않는 인원에 대한 불이익이 존재하지 않는 곳이 많다. 자칫 혼자 고생하고 있다는 자괴감이 들 수도 있는 주변 상황이 존재한다.

학습을 한다면 현재 주어진 업무에 직접 적용되는 것만 학습하는 것이 아닌 그 주변의 것들까지 포괄적으로 학습해야 한다. 또한 현재 벌어지지 않은 것들도 체계적으로 학습해야 한다. 여러분이 중년에 경쟁해야 할 상대들은 지금도 대기업에서 고난이도의 업무수행을 위해 지속적으로 학습하면서 성장하고 있다는 점을 명심해야 한다.

이를 위하여 이 책에서는 절차와 방법을 제안할 것이고, 어떤 내용으로 제도를 채울 것인지는 여러분이 별도 학습을 통해 만들어 가야 한다. 물론 내용이 되는 부분들도 기초적인 사항 수준의 맛보기 형태로 제시할 예정이며, 구체적인 부분은 심화학습을 통해 적절한 안을 찾으면 될 것이다. 단, 어떤 것을 선택하는 것이 좋을 것이라는 가이드는 가급적 제시하지 않으려고 하며, 필자가 기존에 검토했던 내용과 그에 맞게 선택했던 안들을 소개하는 정도로 설명하고자 한다. 물론 왜 그렇게 했는지 이유와 함께 참고 예시로 넣을 예정이다.

── 중소기업에서 인사제도 설계가 어려운 이유

중소기업은 인사시스템 설계를 하는 담당자의 역량이 설계를 하고 이를 실행하기까지의 경험이나 능력이 부족한 경우가 많다. 기존부터 재직해 온 내부인원은 내부사정은 잘 알지만 객관적인 역량이 부족한 경우가 많고, 인사시스템 설계 경험이 있는 외부인원은 역량은 높을 수 있으나 내부사정에 어두워 적합하지 않은 외부 사례의 답습 수준으로 제도설계를 하게 될 가능성이 높다. 따라서 주관자는 조직 내부인원이 선임하고 외부전문가의 지원을 받는 방향으로 진행하는 것을 추천하고 싶다.

사내에서 적임자를 찾아 제도의 설계를 진행하는 경우 해당 담당자는 기존 인사행정업무나 총무업무를 담당하던 직원일 경우가 대부분일 것이다. 대기업의 경우 인사기획과 실행이 분리되는 경우가 있으나, 중소기업의 인력운영에서는 상상할 수 없는 경우이다. 또한 양질의 인사시스템을 구축하기 위해서는 많은 경험과 다양한 의견들을 필요로 하고, 이를 위해 현업의 적극적인 참여가 필수적이다. 따라서 1인 또는 소수의 인사담당자가 진행한다는 것은 현실적으로 불가능한 일이다.

현업의 적극적 참여란 단순히 참여하는 것이 아닌 함께 학습하고 고민할 동료들이 필요하다는 의미이다. 그러나 중소기업의 여건상 타부서 인원들에게 인사시스템 설계를 위한 학습을 시키고 고민을 병행시키는 게 쉽지 않은 것이 현실이다. 이런 경우 내부 담당자가 주도권을 갖고 진행하되 외부 전문가를 컨설턴트나 멘토로 활용하는 방안을 찾는 것이 유용하다. 외부전문가는 조직 내부사정에는 어두울 수 있어도 보편적인 내용들이나 필요로 하는 외부자료에 대한 접근성이 높아 도움이 많이 될 수 있다. 또한 우수한 경력을 가진 외부 전문가의 지원을 받아 설계된 제도는 내부 구성원들에 대한 설득에도 더 힘이 실리는 경우가 있기 때문이다.

완성도 부분에서도 정답에 근접한 최적안을 만들어 시행하기에는 시간이 지연될 가능성이 높다. 따라서 최고의 대안이 아니더라도 실행 가능한 안을 만들어 일단 업무에 적용하는 것이 중요하다. 단, 급하게 진행되었더라도 취지를 살려 진행하는 노력이 필요하다. 또한 아무리 완벽하게 제도를 설계했다고 하더라도 회사 내에서 벌어질 수 있는 무수한 경우의 수를 모두 커버할 수는 없다. 따라서 일단 제도가 실행되면 세부사항에 대한 무수한 질의가 있게 되며, 시시때때로 유권해석을 해주어야 할 상황들이 발생한다. 이런 상황에서 해석을 함에 있어 해당 제도의 취지가 기준이 된다. 예상하지 못한 질문들에 대해 적절한 해답을 제공해주는 것도 인사담당자의 역량으로 평가될 수 있으며, 이는 제도의 취지를 명확하게 수립하고 설계했을 때 가능해진다는 점을 명심해야 한다.

인사시스템이 성공적으로 정착되기 위해서는 모든 구성원이 해당 제도를 받아들이는 태도가 중요하며, 이런 태도는 자의적 또는 타의적 구속을 의미한다. 만약 경영자가 강력한 지지를 하는 경우에는 자연스레 제도를 받아들이는 태도를 만드는 과정이 매우 간소화된다. 즉 경영자가 제도의 설계방향에 대한 강력한 지지자가 되어 주어야 한다는 의미이다.

간혹 경영자들 중 제도설계를 지시하고도 다른 추진사항에 비해 중요성이 약하다는 판단 하에 실제 설계과정에서 방관하는 경우가 종종 있다. 실제 중소기업은 고객영업, 제품개발, 납기 등 고객과 관련한 사항들이 당장 중요하게 인식되며, 조직의 영속성 확보를 위한 조직운영과 인사관리의 문제는 후순위로 밀리는 경우가 많다. 당장 생존을 위한 기능들에 비해 인사시스템 구축의 중요성을 어필할 수 있는 논리적 근거가 부족한 것도 현실이다. 인사시스템 설계가 경영자의 변혁에 대한 확고한 신념에 의한 것이 아니거나 경영자에게 가장 중요한 것으로 인식되지 않는 경우 인사담당자는 설계 과정에서 현실과 타협하는 제도를 만들 수밖에 없을 것이다.

마지막으로 중소기업의 인적자원 부족에서 오는 문제가 있다. 중소기업은 사람에 의존하는 정도가 대기업에 비해 매우 클 뿐 아니라 인력의 부족현상도 크다. 이로 인하여 핵심인재는 물론이고 핵심인재가 아니라 하더라도 이탈로 인하여 당장의 공백이 생긴다면 타격을 받는 구조를 갖고 있다. 대체가 용이하지 않은 상황으로 인하여 인사시스템 설계 시 단호한 제도의 구축이 쉽지 않은 경향이 있다. GE는 잭 웰치가 CEO로 있던 시절 매년 10% 하위평가자를 조직에서 내보냈고 국내 대기업들도 평가에 의해 도태된 인원들의 처우를 저하시켜 거취를 스스로 결정하게끔 한다. 하지만 중소기업은 인적자원의 여유가 없어 현재 인원을 유지하는데 집중하게 되는 경향이 있다. 이는 유연한 제도의 설계를 저해하는 강력한 벽으로 작용한다. 쉬운 예로 대기업에서는 하위평가자의 연봉이 삭감되는 것은 당연한 것으로 여겨지나, 중소기업에서는 이탈에 대한 우려로 인하여 연봉이 삭감되는 경우가 없거나 삭감을 하더라도 최소한으로 하게 된다. 설령 연봉삭감이 가능한 제도가 설계되어 있더라도 실제 운영시에도 연봉이 삭감되는 평가등급으로 부여하지 않는 등 온정적인 방향으로의 흐를 수밖에 없다는 한계가 존재한다.

—— 중소기업에서 인사제도 운영이 어려운 이유

인사제도가 실행되면 특정 인원에 대한 인사관리에 가장 중추적인 역할을 하는 사람은 조직도상의 상위자 또는 차상위자이다. 즉, 현업의 팀장, 본부장, 임원 등의 위치에 있는 구성원들이다. 실질적으로 그들의 영향이 클 수밖에 없지만 새로 구축되었거나 변화된 제도가 안정화 단계에 이르기까지 이를 끌고나가는 역할과 책임은 해당 제도를 설계한 인사담당자가 맡게 되는 경우가 일반적이다. 설계 후 시행까지 업무가 자연스레 늘어나는 것이다. 따라서 해당 인원의 업무과부하를 줄여주는 조치를 취해야 설계된 제도가 안정적으로 조직에 적용될 수 있는 것이다.

그러나 우리나라 중소기업의 현실은 관리부서의 직원 한 사람이 한 가지 정해진 직무만을 수행하기에는 무리가 따른다. 특히 다른 현업 부서의 업무로 확정된 것 아니면 모두 관리부서의 업무로 부여되는 것이 일반적이다. 심지어 인사시스템 기획이라는 큰 업무를 마무리한 인사담당자는 현재 업무가 없다고 인식되는 경우도 있다. 따라서 조직 내에 다른 새로운 업무가 발생하면 해당 업무의 담당자로 선정되기 쉽다.

당장의 제도 안정화에 노력해야 할 담당자가 또 다른 업무를 맡다 보면 기존에 설계한 제도가 평소에 잘 운영되고 있는지에 대한 모니터링이 부족해질 수밖에 없다. 그러나 이런 과정에서의 과오들은 평소에 잘 드러나지 않는 특성이 있다. 이에 따라 결과를 정리하게 되는 시점인 인사평가나 보상의 결정 시기가 되어서야 그동안 제도의 운영이 제대로 되지 않았다는 것이 수면 위로 드러나게 된다. 설계된 제도가 운영되기 시작하면 제도의 모니터링에 중요성을 인지하고, 여기에 시간과 노력을 적극적으로 할애하는 가시적인 조치가 필요하나 이것이 잘 이루어지지 않는 경우가 발생하는 것이다. 따라서 제도의 안정적 정착을 위해서는 인사담당자가 속한 부서를 담당하는 부서장이 안정화에 대한 고민을 해야 할 필요가 있고, 담당자에게 시간을 확보해 주는 역할을 해 주어야 한다.

사람은 누구나 변화를 싫어하는 특성을 갖고 있다. 특히 타의에 의한 변화를 극도로 싫어하고 회피하고자 행동한다. 인사시스템이 실행되는 경우 합리적인 측면에서는 유리한 점도 있겠지만 일단 감성적으로 불편함을 인지하게 된다. 현업부서들은 자기 부서의 특성을 강조하고 자신들의 부서에는 해당 시스템이 적절하지 않다는 의견을 내기도 하고, 가끔은 제도의 불합리성을 주장하면서 전면 배척을 주장하기도 한다. 이런 성향은 조직구성원 개개인들은 물론이고 조직을 운영하는 경영진에서도 종종 나타난다.

현업부서는 안정적으로 구축해온 현재 제도들을 기준으로 조금씩 개선해 나아가기를 원하며, 실제로 이런저런 이유를 대며 새로운 제도로의 변화에서 자신이 소속된 부서의 예외성을 인정받기 위해 노력하게 된다. 이런 노력에 최고 의사결정권자가 부응하는 경우 설계된 인사시스템과 제도들은 개별 부서의 상황을 반영하지 못한 오류가 있는 것으로 인정되게 된다. 이에 따라 해당 부서의 예외를 인정하거나 자칫 제도 자체의 폐기수순을 밟게 되는 상황이 발행되기도 한다. 이런 상황이 지속 재발된다면 해당 조직은 지속성장이 불가능할 가능성이 높다. 기업성장을 위해 필요한 각종 제도들의 체계가 잡히지 않으면 시스템경영이 불가하게 되어 조직역량이 제자리걸음을 하게 됨으로 인해 성장이 불가능해지기 때문이다.

변화는 기본적으로 불편할 수밖에 없다. 불편함을 감수하면서 변혁을 감수할 수 있는 조직이 지속성장할 가능성이 높은 것은 자명한 일이다. 구성원들이 변화를 수용하는 태도는 사업을 수행하는 정점에 서 있는 경영자와 임원들의 동참과 적극적 노력이 뒷받침되어야 가능하다. 적극적으로 설명하고, 설득하며 경영진이 솔선하는 모습을 보여주는 과정이 필요하기 때문이다. 대부분의 인사관리 전문가들이 인사전략의 성공방안에 경영자의 의지가 중요하다고 언급하는 것과 동일한 맥락이다.

인사관리 기능들의 실행 순서를 매기자면 인재를 확보하는 것이 첫 단계이다. 중소기업의 어려움은 채용에서부터 시작된다. 실제 채용에서 중소기업은 자신들이 원하는 인재를 확보하는 것이 쉽지 않다. 대기업에 버금가는 연봉을 제시한다고 해도 중소기업이 갖고 있는 기본적인 인식을 바꾸어 우수인재를 유인하는 것이 쉽지 않은 현실이다. 이에 따라 우수한 인재를 확보하지 못한 상황에서 교육 등 내부육성에 의해 우수한 자원으로 성장시키는 것도 쉽지 않은 일이다. 중소기업의 각종 한계의 원인이 사람으로 귀결되기도 한다. 이로 인해 각종 제도를 운영함에 있어 구성원의 역량부족으로 인한 경우를 드는 사례도 있다.

효율적 인사관리, 시작은 인적자원 축적![2]

인사관리의 중요성에도 불구하고 중소기업은 현실적인 어려움으로 인해 적절한 인사관리 시스템을 갖추기 쉽지 않다.

가장 큰 문제는 필요한 우수 인력을 적절한 시기에 확보하고, 확보한 유능 인력의 유지가 쉽지 않다는 데 있다. 그 이유로는 대-중소기업 간 임금격차를 꼽을 수 있다. 지난해 산업연구원이 발표한 '대·중소기업 간 임금격차 분석과 시사점'에 따르면 중소기업의 임금은 대기업의 59.6%에 불과했다. 2014년을 기준으로 제조 중소기업의 실질임금은 대기업의 51.6%였다. 특히 100명 미만의 소기업의 실질임금은 대기업과 비교해 49.5%에 불과했다. 중소 제조업 인력의 35%가 비정규직인 상황에서, 정규직 대비 비정규직의 임금격차는 58.3%였다.

대기업과의 하도급 관계가 많은 중소 제조기업은 사람을 구해 필요한 납기와 물량을 맞추기도 버겁다. 현실적으로 사람을 자원으로 관리한다는 개념을 갖기 쉽지 않은 상황이다. 인력 관리는커녕 인력 수급조차 어려움을 겪다 보니 지금껏 중소기업은 비공식적 인사 관행을 유지해왔다. 비공식적 인사 관행은 채용, 훈련, 임금 결정 등에 명시적으로 문서화된 인사규칙이 부재하기 때문에 경영자의 자의적 의사 결정에 모든 것이 좌우될 수밖에 없다. 이는 근로자 개개인에게 어떤 인사 관행이 적용될지 예측할 수 있는 가능성이 낮아 근로자 태도에 부정적 영향을 미친다. 또한, 장기적인 고용관계를 맺고 숙련자 확보를 어렵게 만드는 요인이기도 하다.

일각에서는 비공식적 인사 관행이 예측 불가능하고 변덕스러운 시장에 더 많이 노출된 중소기업이 유연하게 대응하기 위한 방안이라고 항변한다. 하지만 대부분의 연구결과를 통해 인사제도를 공식화하는 것이 노동 생산성에 긍정적인 영향을 미친다는 것을 확인할 수 있다. 그렇다 보니 대기업은 기업의 성장단계에 적합한 인적자원관리 시스템을 구축해 구성원의 몰입이나 일체감을 높이고 있다. (후략)

2　조아라, "효율적 인사관리, 시작은 인적자원 축적!", MFG, 2018. 03

2장

인사시스템 구축 수준 파악

── 인사시스템 구축 필요성이 도출되는 시기

처음에 이 책의 독자를 이제 막 중기업으로 도약하려고 하는 기업의 인사담당자라고 가정하였다. 대개 그 시기에 조직에서 인사시스템에 대한 니즈가 발현되는 경우가 많기 때문이다.

스타트업으로 시작해 어느 정도 성과가 나면 추가 업무가 많아지고, 사람이 더 필요해지고, 당연히 자금사정도 여유가 생긴다. 그 자금을 이용해 사람들이 일을 더 잘할 수 있는 환경을 만들기 위해 물적 투자를 하게 되는데 이것이 사무실 이전, PC교체, 책상/의자 교체, 회의실 확보 등 사무환경 개선이다. 또한 임금인상, 복지비 지출확대 등을 통한 처우 개선을 고민하게 되는데, 이것은 사무환경 개선과 같이 누구에게나 일률적으로 적용하기보다는 분배의 기준을 요구하게 된다는 것이 다른 점이다.

처음 시작하는 스타트업 조직에서 성과가 났을 때는 어느 직원의 기여도가 어느 정도인지를 경영자가 가장 잘 알고 있어 자신의 주관적 판단에 의한 보상을 하더라도 적정한 보상이 이루어질 수 있다. 그러나 조직이 일정 수준 이상 커지게 되면 최고경영자 1인이 회사 내 모든 인원과 업무를 정확하게 파악할 수 없게 된다. 이 단계에서 당연히 뒤따르는 것이 객관적이고 적절한 보상제도의 설계이며, 이것을 가능하게 하기 위한 평가제도의 설계인 것이다.

인사시스템의 필요성을 직면한 정상적인 경영자라면, 여기에서 한 발 더 나아가 직원들이 일을 더 열심히 하여 성과를 낼 수 있게끔 동기부여가 가능한 각종 제도에 대한 고민도 하게 된다. 결국 현재 상황을 발전시킬 수 있는 전체적인 인사시스템 설계에 대한 니즈가 발생되는 것이다. 따라서 그 역할의 수행이 가능하다고 생각되는 내부 직원이 있다면 해당 직원에게 그 업무가 부여될 것이고, 만약 없다면 외부에서 그 역할을 수행해 본 경험이 있는 적임자를 찾게 될 것이다.

정리하자면, 대개 인사시스템 구축의 니즈는 회사의 규모가 커질 때 나타나고, 규모가 커진다는 것은 사업이 잘 되고 자금유동성이 어느 정도 확보된 상황임을 의미한다. 따라서 기존 직원 급여 맞추기에 급급한 소기업에서 탈피하여 이제 경영자가 일일이 보고받고 지시하지 않아도 운영이 가능한 회사를 만들고 싶은 욕구도 있을 것이다. 또한 그동안 귀동냥을 통해 들은 많은 시스템을 적용하고자 하며, 직원들이 계속 근무하고 싶은 회사를 만들고자 하는 목적으로 이런저런 제도들을 설계해서 시행해 보라고 읊어 줄 수도 있을 것이다.

이 시점에서 어떤 방법으로 제도설계를 하고, 보고를 하고, 실행을 하는지가 여러분이 인사담당자로서의 능력을 인정받을 수 있는지 여부를 결정할 것이다. 구체적으로 프로젝트를 시작하기 전에 명심할 것은 모든 것을 한꺼번에 충족시킬 수는 없고 단계를 거쳐야 한다는 것과, 전체적인 그림을 그린 후 단기와 중/장기로 나누는 것 필요하다는 것이다.

—— 인사관리 행위를 제도화하는 수준의 구축

조직에서 실행되고 있는 인사관리 행위들 중 어느 정도가 제도라고 인식되고 있는가 또는 문서화되어 있는가에 대한 내용이다. 어떤 조직이나 처음에는 별도로 인사제도라고 일컬을만한 내용이 없는 상황에서 점차 인사제도를 하나씩 만들면서 필요한 부분을 채워가게 된다. 이것을 제도화라고 표현하려고 하며, 어느 정도 범위까지 제도로 만들어졌는지가 제도화 수준이라 할 수 있다.

초기 조직에서는 창업자인 경영자가 임의로 제도를 만들거나 동일한 행위를 반복하는 과정에서 관행적으로 이루어지는 것들이 나타나게 되는데 이것도 제도라고 볼 수 있다. 그 후 인사업무를 담당할 전담자를 채용한 후에 이에 대한 문서화가 이루어지는 것이 일반적인 순서이다.

이 단계에서는 기존에 진행하던 관행들을 정리하고, 공백인 부분들은 타 기업들이 보유하고 있는 인사제도들을 벤치마킹하여 구비하는 것을 주로 하게 된다. 취업규칙 정비를 시작으로 채용 프로세스, 평가제도 설계, 임금테이블 작성 등 눈에 띄는 작업들을 주로 진행하게 되며, 규정과 양식에 의한 매뉴얼화가 진행되는 수준이다. 대부분의 아이디어는 경영자의 머리와 입에서 나오고 인사담당자는 그것들을 정리하여 문서화하는 형태로 진행되는 경우가 많다.

만약 현재 여러분에게 경영자가 요구하는 수준이 이 수준이라면 벤치마킹을 통해 일반적으로 구비되어져야 하는 인사제도와 인사규정의 목록을 확인하고, 이를 하나씩 채워나가는 형태로 진행하는 것이 취지에 적합하다.

만약 경영자가 깊이 있는 설계를 요청했거나 담당자가 경영자를 설득하여 단순 제도화 이상의 수준으로 구축하는 것으로 정해진 경우에는 합의된 내용으로 진행하면 된다. 그러나 그런 상황이 아니라면 굳이 많은 시간과 노력을 할애하여 체계적인 제도설계를 할 필요가 없을 것이다. 역량이 안 될 것이라거나 쉬운 방법으로 대충 하라는 얘기가 아니다. 인사제도를 설계하고 성공적으로 실행함에 있어 경영자의 관심과 지지는 필수적인데, 이것을 확보하지 못한 상황에서 진행하는 것은 그리 적절하지 않기 때문이다.

경영자가 인지하고 있지 않은 사항을 무리하게 진행할 경우 제도설계 과정에서 지원도 부족하겠지만, 경영자의 지지 없이 결코 성공적인 실행이 되지 못할 것이 자명하기 때문이다.

만약 제도의 체계화 단계까지 요구되지 않는 경우라면 시중에 나와 있는 인사규정집에 실려 있는 많은 규정 중 본인이 소속 조직에 필요한 규정을 선택하여 수정해서 사용하면 그만인 경우도 있다. 단기간에 많은 규정을 구비할 수 있는 장점이 있고, 명문화된 규정이 없는 상황에서는 이런 문서화 작업만으로도 조직의 운영에 도움이 되는 경우가 많다.

── 인사제도들을 체계화하는 수준의 구축

체계화의 사전적 정의는 "일정한 원리에 따라서 낱낱의 부분이 짜임새 있게 조직되어 통일된 전체로 되는 것"이라고 되어 있다. 개개의 제도들이 각자 존재하는 것이 아니라 유기적으로 연결되게끔 하는 것을 의미한다.

조직의 운영방향인 전략을 수립하고, 그 목표를 달성하기 위하여 인사시스템을 전략적으로 설계하는 수준이며, 대개 기본적인 인사제도를 갖추고 있는 조직에서 이들을 통합하기 위한 노력을 통해 진행된다. 그 출발은 이미 갖추어진 인사제도들을 운영하면서 발생한 부작용들에 대해 대안을 찾아야 할 필요성을 느끼는 시기에 주로 진행된다. 다시 말하면 아무 것도 없는 상황에서 진행되기보다는 조직이 어느 정도는 성숙해야 가능하다는 것이다.

체계화를 위해서는 직접적인 인사제도의 설계에 돌입하기 전에 인사제도에 반영되어야 할 조직운영전략을 결정하는 기초 작업이 요구된다. 직접적이고 구체적이지 않은 것으로 여겨지는 것들을 정리해야 하므로 특히 더 많은 외부자료와 함께 설계자인 인사담당자의 학습이 많이 필요해진다.

만약 경영자가 이 수준의 설계를 요구하는 경우에는 성급하게 설계에 착수하기보다 필요한 사항들을 정리하고, 일정계획을 수립하는 등의 준비 작업을 하여야 한다. 그 이후에 진행에 대한 승인을 받고 진행할 필요가 있다. 일정이나 목표수준, 기타 제반사항에 대한 공유가 없다면 그것을 인지하지 못한 경영자는 빠른 기한을 요구할 것이다. 따라서 담당자 입장에서 기한준수를 못하는 결과를 내게 된다.

또 다른 관점에서 보면, 단순 제도화 수준으로 진행하는 것과 비교하여 시간과 노력이 많이 소요되나, 필요성에 대한 분위기가 사라지기 전에 설계가 완료되어 실행단계에 돌입하지 않으면 제도구축의 추진력을 잃기 쉽다. 따라서 전체적인 완성도가 높지 않더라도 실행하면서 보완해 가는 방식으로 진행하는 것이 필요한 경우도 있다. 이런 상황에서는 모든 것을 완벽하게 준비하려는 욕심을 조금 버리는 것도 좋은 실행을 위한 방안이 될 수 있다.

체계화라는 과정은 시중 교과서의 '전략적 인적자원관리'라는 용어로 설명이 가능하다. 제도화가 개별 제도들을 만드는 것이라면, 체계화는 조직의 전략목표를 달성하기 위하여 하위 제도를 유기적으로 연결한다는 차이가 있다. 체계화 단계에서 조직운영전략의 목표는 인사시스템을 운영하는 목적이 된다.

이처럼 중소기업의 인사담당자에게 제도설계가 요구되는 상황은 다를 수 있다. 상황에 맞는 설계가 좋은 설계이며, 본인의 역량은 물론 조직에도 도움이 된다. 단순한 제도화 수준을 넘어서 체계적으로 제도를 구비하는 방향으로 진행하는 것이 좋겠지만, 일에는 순서가 있는 법이다. 아직 젖도 떼지 못한 아이에게 산해진미를 차려준다고 해도 이를 먹을 수도 없는 것 아닌가. 현재 상황이 초기단계의 제도화가 요구되는 상황이라면 충실히 해당 제도를 구축하고 장기간 운영하면서 수정보완을 거듭하면서 이에 대한 체계화까지 이루어낸다면 가장 좋은 상황일 것이다.

이 책에서는 체계화 수준으로 진행하는 방식으로 설명을 하고자 함을 참고하기 바란다.

Summary ···

1편에서는 중소기업에서 인사시스템을 구축하는 것에 대한 인사담당자의 업무환경을 설명하였다. 또한 인사시스템 구축이 무엇을 의미하는지에 대해 설명했다.

살펴본 것처럼 중소기업에서 인사담당자가 인사시스템을 구축하고 운영한다는 것은 쉽지 않다. 이는 대기업과 비교하여 상대적으로 중소기업의 인적자원과 물적 자원이 부족하다는 근본적인 이유에서 출발한다. 또한 인사담당자가 스스로 역량을 갖추기도 쉽지 않다는 점과 조직구조로 인한 제도설계의 어려움, 제도운영의 어려움을 짚어보았다.

그럼에도 불구하고 중소기업에서는 적절한 인사시스템을 구축하는 것이 불가능한 것은 아니다. 실제로 좋은 인사시스템을 갖추고 있는 중소기업도 실재하고 있는 것이 현실이다. 또한 이 책을 읽고 있는 독자의 경우라면 제대로 해보고자 하는 의지도 있다고 감히 단정하고 싶다. 그렇다면 이미 준비는 된 것이나 다름없으니, 남아있는 내용들을 보면서 차근차근 준비하는 과정을 진행했으면 한다.

다음 편부터는 좋은 인사시스템 구축을 위한 실무적인 출발점부터 세부적인 내용까지 전반적인 내용들을 살펴보도록 하겠다.

02

인사시스템 설계를 위한 기초작업

1장

인사전략을 수립하는 방법

─── 인사시스템 설계의 주관을 명확히 하자

중소기업에서 인사시스템 설계를 하는데 영향을 미치는 사람은 당연히 최고경영자[3]와 인사담당자이다. 그러나 최고경영자가 이 분야에 많은 경험이 없다면 임원들도 실질적으로 영향을 미치게 될 것이다.

회사의 규모에 따라 인사업무를 전담하는 직원 수는 차이가 있다. 업종과 상장여부에 따라서도 규모의 차이가 발생한다. 또한 소기업에서 이제 막 중기업으로 성장하고 있는 회사라면 전담자 없이 관리부 또는 인사총무 부서명으로 1~2명이 여러 가지 업무를 진행하는 경우도 있을 것이다. 기존 경험에 비추어보면, 인원 100명 정도의 상장회사는 HRM과 HRD의 인사업무만 전담하는 팀이 있었고, 인원은 3명으로 구성되어 있었다. 공업단지에 위치한 인원 50명 수준의 비상장 제조업체에서는 인사, 총무, 재무, 회계, 전산 등 모든 관리업무를 4명이 담당하고 있었다.

상장을 하면, 상장회사에 요구되는 관리시스템을 구현하기 위하여 각 기능별 부서의 분화가 이루어질 수밖에 없다. 그러나 비상장회사의 경우에는 경영자가 요구하는 관리업무의 수준에 따라 그 인원수 등이 정해지는 구조이다. 이 중 상장회사의 예와 같이 인사부서가 전담조직으로 별도 구축이 되어 있는 수준이라면 이미 인사시스템도 구축되어 있을 것이다. 그러나 우리의 현실은 대부분 비상장회사에 전담인원이 1명 있거나 또는 다른 업무를 병행하고 있을 가능성

---

3 스타트업 또는 소기업에서 중기업으로 성장하는 기업의 경영자는 오너인 경우가 대부분이다. 이하 내용에서 오너, 경영자, 최고경영자, 사장 등 용어를 문맥에 맞게 혼용할 예정이나, 모두 동일한 대상으로 이해하면 된다.

이 크다. 따라서 체계가 갖추어진 회사에서 인사시스템 개선 등 작업이 진행되는 것과는 사뭇 다른 방향으로 전개될 가능성이 있다.

실질적으로 영향을 미치는 임원에 대해 살펴보면, 중소기업 중 특히 대기업의 협력업체로서 B2B를 주로 하는 업체는 물론이고, B2C나 B2G를 비즈니스모델로 갖고 있는 회사라 할지라도 임원진은 내부승진보다는 대기업 출신들이 포진되는 경우가 많다. 특히 건강한 성장을 위해 좋은 시스템을 경험하고, 출신 회사의 인맥까지 활용할 수 있는 대기업 출신의 경우 활용성이 높은 것도 사실이다.

이 부분은 한국 중소기업들의 반성이 필요한 부분이라 볼 수도 있으나, 이미 산업계의 생태계처럼 굳어진 상황에서 구조적으로 뒤집으려는 노력보다는 그 상황에서 어떤 대처가 필요한 것인지를 고민하는 편이 빠를 것이다. 이런 대기업 출신 임원들은 본인이 인사업무 전문가가 아니더라도 어느 정도 잘 갖추어진 인사시스템을 경험하였기 때문에 인사담당자의 업무에 대해 훈수를 두는 경향이 있다. 기업의 오너인 경영자 또한 대기업 출신인 경우에는 오너가 직접 경험한 기업의 시스템을 많이 따라가게 되어 혼선은 줄어들 수 있다.

그러나 만약 경영자가 처음부터 창업을 통해 회사를 일으키고 키워온 자수성가형이고, 이후 합류한 다른 부서의 임원 즉, 영업이나 기술, 생산 등을 담당하는 임원이 대기업 출신인 경우에는 사안이 복잡해진다. 임원들이 인사담당자에게 조언해주는 의미로 발언하게 되더라도 직급상 하위자인 인사담당자는 그 말을 단순한 조언 정도로 취급하기 어렵다. 참고용이 아닌 제도에 반영해야 하는 숙제로 받아들이는 경우가 발생한다. 정작 잘 갖추어진 시스템을 경험해 보지 못한 경영자는 이 경우 중심을 잡아주지 못하는 경우가 많다. 심지어 체계적인 인사시스템을 경험해 봤다는 이유로 그런 임원들을 제도 설계의 멘토로 임명이라도 하는 경우에는 인사시스템의 전체적인 내용에 대해 통섭하지 못한 임원들의 좁은 시야에 의한 의견이 인사제도에 반영되어 결국 이상한 모양의 결과물이 만들어지는 결과를 초래한다.

인사시스템의 설계는 설계자인 인사담당자와 니즈를 보유한 경영자가 주축이 되어야 한다. 이 범위 내에서 모든 것을 할 수 없어 현업의 의견을 구한다 할지라도 조언이나 과정에서의 참여 정도로 그쳐야 한다. 자칫 인사를 잘 모르는 임원급이 인사담당자의 업무를 좌지우지하지 못하도록 절차적 장치를 마련하는 것이 중요하다. 여기에는 경영자의 의지가 중요하나 표현되지 않은 의지는 무의미하다. 제도설계의 중심이 인사담당자이고 조력자는 경영자 자신임을 경영자가 천명해 주는 것이 중요하다.

⸺ 경영자의 요구를 파악하자

인사시스템 설계에 대한 대부분의 요구와 필요성은 경영자에게서
나온다. 인사담당자가 전문성을 확보하고 있다고 인정한다면 취지
를 설명하고 이를 구현할 수 있는 방안이 무엇인지 검토하는 것을
요청할 것이고, 만약 전문성을 확보하지 못했다고 생각한다면 특정
제도를 어떤 방향으로 시행하라고 매우 구체적으로 요청할 수도 있
다. 어떤 경우라도 제도를 설계할 인사담당자는 즉각 시행보다는 제
도설계를 요구한 오너 또는 임원으로부터 그 제도를 시행하려는 목
적이 무엇인지를 확인할 필요가 있다.

그 목적을 확인하는 방법 중 가장 좋은 것은 궁금한 것을 계속 질문
하며 이야기를 많이 듣는 것이다. 이야기를 하다 보면 자신이 제도
설계를 통해 이루고자 하는 내용이 구체적으로 나오는 경우도 있고,
정확히 표현되지 않더라도 충분히 유추할 수 있는 내용이 나올 수
있다. 따라서 제도설계에 착수하기 전에 이것부터 시작하는 것이 좋
다.

예를 들어 요구사항이 '차별화된 인사평가제도를 도입하자'는 것이
라면, 인사평가제도를 도입하고자 하는 의도가 무엇인지 파악하는
것이 중요하다. 만약 열심히 노력하는 직원이 대표에게 '본인의 처
우가 다른 직원들과 차별화되지 않는 사항이 불만이다'라고 경영진
과의 면담 또는 푸념을 한 후에 나온 얘기라면 잘하고 못하고를 구
분하여 잘 하는 직원들을 동기부여 하고자 하는 취지일 것이고, 직
원들이 전체적으로 '본인이 받는 대우의 기준을 도저히 모르겠다'고
한 데서 출발했다면, 기준을 정해 이를 피드백 하는 게 적정한 대처
일 것이다. 가장 사소한 이유로는 평가제도가 없다는 것이 뭔가 시

스템이 없어 보여서 그냥 갖추었으면 하는 경우일 수도 있다.

만약 제도를 갖추었으면 하는 수준의 이유라면 다른 회사에서 하고 있는 것을 그대로 베껴서 도입하면 된다. 그러나 경영자나 임원들은 본인들이 제기한 이유가 매우 단순한 것이라고 하더라도 거창한 이유를 댄다. 또한 이를 통해 평소에 생각하고 있었던 무언가를 얻고자 하는 것이 보통이다. 결국 애초에 생각하지 않았던 요구사항이 전달되는 상황이 발생하는 경우가 많다는 것이다. 따라서 자세하게 확인한 후에 진행한다면 요구사항의 취지에 훨씬 더 부합하는 제도가 설계될 수 있다.

하지만 설령 그 요구된 제도를 통해 얻고자 하는 것이 있더라도 요구된 사항만을 고려하여 진행한다면 원하는 취지를 살리는 것이 쉽지 않을 수 있다. 인사시스템은 모든 기능적 측면들이 서로 연결되어 있기 때문이다.

성과평가제도를 도입한다고 예를 들어보자. 성과주의 조직문화가 없는 곳에서 성과평가제도를 시행하면 이것이 효과가 있을까? 경영자가 오랜 기간 함께한 직원을 우대하는 것을 최우선으로 하는 조직 분위기가 있다면, 성과평가제도를 회사에 도입한다고 해서 성과주의 문화가 저절로 만들어지지는 않는다.

그렇다면 무엇을 봐야 하는 것일까? 바로 조직이 추구하는 바가 무엇인지에 대한 정의부터 출발하여 이를 구현하기 위해 필요한 전략이 무엇인지를 정하고, 이런 전략을 구체화하기 위한 각 제도들이 도입되어야 하는 일련의 검토과정이 선행되어야 한다.

만약 조직의 특성이 오래 근속한 직원들이 있어야 하는 분위기이고, 별도로 전문성이나 개인의 역량 차이에 의한 차별성이 없는 특성이 있다면 그런 조직은 직원들의 유지에 목표를 두어야 하고, 그에 부합하는 유지전략이 필요할 것이다.

또한 오너가 장기근속자로 하여금 중책을 담당하게 하고, 근속이 짧은 직원은 무조건 장기근속한 직원의 지휘 감독을 받아야 조직의 틀이 유지될 수 있다는 믿음이 강하다면, 이런 조직은 오너가 아무리 성과나 역량을 강조하더라도 실제 오너의 생각과 행동에 맞는 평가제도를 도입해야 할 것이다. 이 경우 평가에서는 조직에 얼마나 충성심이 있고 조직몰입을 하는지가 중요한 영향을 미칠 것이며, 이에 따른 결과로 보상형태는 연공급제를 도입하면 되는 것이다. 평가항목은 본인이 얼마나 충성도를 갖는지, 타인의 이탈을 막을 수 있도록 얼마나 동료와 친밀감을 유지하고 있는지 등이 될 것이며, 이를 적절하게 파악할 수 있는 방안이 평가방안으로 도출되어야 한다. 심지어 평가제도 설계과정이나 설계된 평가를 실행하면서 자칫 조직과 구성원 간에 마찰이 발생할 수 있어 유지전략에 방해가 된다면 평가 자체를 하지 않는 방법도 고려될 수 있을 것이다.

—— 인사시스템을 설계하는 개요도를 그리자

그럼 가장 먼저 할 일은 무엇인가. 일단 어떻게 진행할 것인지에 대한 설계도를 그리는 일이다. 시중에 나와 있는 인사관리 책들을 보면 인사관리의 각 항목별로 매우 잘 정리가 되어 있다. 서론 부분에 인적자원관리 분야의 환경적인 요인을 기술하고, 최근의 트렌드를 분석한 이후 각론으로 들어가·통상 인사관리의 과정인 직무(분석, 평가, 재설계), 확보, 개발, 평가, 보상, 유지, 방출의 일련의 과정과 일상적으로 진행되는 노사관계관리에 대해 내용을 기술하는 형태이다. 설령 이 내용들을 전부 숙지하더라도 인사제도를 설계하라는 구체적인 요구에는 머뭇거릴 수밖에 없는 것이 현실이다. 이 책에서는 중소기업 인사담당자들이 경영자 또는 임원으로부터 이와 같은 요청을 받았을 때 어떻게 업무에 접근해야 하는지에 대한 내용을 기술하고자 한다. 이후 기술되는 방법으로 진행하면서 대학에서 인사관리 과목의 교재로 사용되는 책을 한권 갖고 있다면 그 내용도 충분히 채워 넣을 수 있을 것이다.

설계도는 어떻게 그릴 것인가에 대한 답변은 인사관리 교과서를 응용하여 비교설명 할 수 있다. 일반적으로 인적자원관리에 대한 이해를 서론에 넣는 것과 현재 진행하고자 하는 HR시스템 설계에 관한 이해를 서론 부분에 기술하였다. 이후 순서는 유사하나 중소기업의 특성상 생략할 부분을 과감히 제거하고 특별히 신경 써야 할 부분을 강조할 필요가 있다. 또한 설계라는 목적에 맞게 유지/방출에 관한 내용은 각 제도 설계 시 바로 반영이 필요하다. 시스템을 요구하는 경영자는 교과서의 원론적 내용을 원하는 것이 아니라 해당 내용들이 반영된 제도를 원하는 것이기 때문이다.

예시로 보여주는 인사시스템설계 개요도의 내용은 전체적으로 어떤 것들을 정리해 나갈 것인지에 대해 가시적으로 공유하는 의미를 갖고 있다. 또한 특정 인사과정 하나를 독립적으로 설계할 수 없음을 직/간접적으로 설명하는 의미도 있다. 나아가 인사시스템 구축이라는 업무의 진행순서를 보고하는 의미도 갖는다.

인사담당자 자신에게는 어떤 항목을 어떤 절차로 진행해 나갈 것인지를 스스로 자각하게 해주는 역할을 하며, 이것을 기준으로 각 과정별 일정계획을 세울 수 있는 가이드라인으로서의 역할을 한다.

표 2-1 **HRM 교재의 일반 순서와 설계 내용**

항목	일반 HRM 교재의 내용	중소기업 제도설계 내용
기초사항	• HRM의 이해 • HRM의 환경변화	• 중소기업 인적자원관리의 특성 • 인사제도 구축의 수준과 방향 설정 • 조직운영전략 수립
인적자원의 확보	• 직무관리 • 인력확보관리 • 인력개발관리	• 인재상 및 조직구조의 정의 • 외부확보(채용) 제도 설계 • 내부확보(육성) 제도 설계
인적자원의 평가/보상	• 인력평가관리 • 인력보상관리	• 성과평가, 역량평가 설계 • 임금제도 설계 • 임금 외 보상방안 설계
인적자원의 유지/방출	• 인력유지관리 • 인력방출관리	• 육성/평가/보상 설계시 반영

그림 2-1 인사시스템설계 개요도 예시

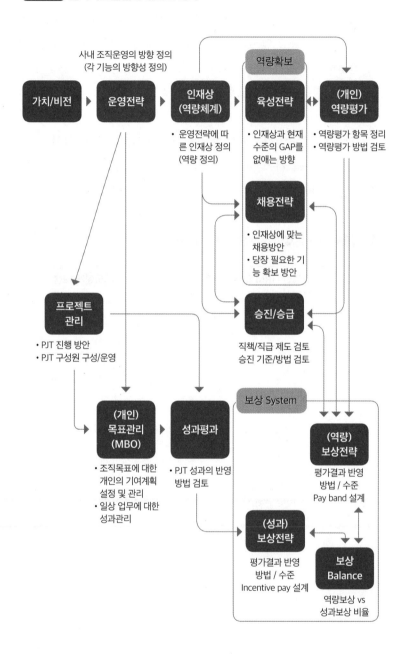

따라서 이런 설계 개요도를 그린 후에는 각 단계마다 어떤 방식으로 입안을 하고 결정할 것인지의 방법론과 함께 일정계획을 별도로 정리하여 한꺼번에 보고하는 것이 좋다.

인사시스템 설계를 위한 개요도를 포함한 최초 보고를 통해 담당자는 복잡한 머릿속을 정리할 수 있다. 또한 제도설계를 요구한 경영자 또는 임원과의 가시적인 공유가 없을 때 발생할 수 있는 기간독촉으로부터 필요한 시간을 확보할 수 있도록 하는 역할을 할 수 있다.

⎯⎯ Visioning에 대해 이해하자

진행에 대한 보고가 진행된 후 진행할 사항은 Visioning이다.[4] Visioning을 통해 운영전략을 도출하는 것이다. 평가제도에서 자주 언급되는 균형성과표(BSC)의 내용을 들여다보면 이에 대한 내용이 정리되어 있다. 먼저 조직의 존재이유인 Mission을 정의하고, 이를 토대로 구체적인 미래상인 Vision을 정의하게 된다. Vision을 달성하기 위한 구체적인 방안이 전략이 되고, 이는 장기/단기 전략으로 나누어지게 된다. 이렇게 도출된 전사 차원의 전략을 실현하기 위해 부문별, 부서별 세부전략이 수립되어지는 순서이다.

표 2-2 Visioning 세부항목의 사전적 정의

용어	사전적 정의
미션	기업의 존재목적 : 조직이 존재하는 근본적인 목적과 가장 기본이 되는 이념
비전	기업의 미래상 : 미션에 따라 그 조직이 달성해야 할 미래의 목표
전략	목적 달성을 위한 방법 : 비전 달성을 위한 구체적인 방안
핵심가치	일하는 원칙과 기준 : 조직과 구성원들이 마주할 수많은 의사결정에서의 판단 기준

---

4 조직의 비전, 핵심가치와 비전 실현을 위한 목표와 과제를 정의하는 작업을 Visioning이라 한다.

각 용어의 정의들을 보면 매우 거창해 보이지만 내용을 들여다보면 그리 어렵지만은 않다. 창업자인 경영자가 처음에 사업을 시작하고 운영하면서 갖고 있는 생각과 앞으로의 계획을 청취하여 기재하는 것만으로도 정리가 되기도 한다. 즉, 처음에 사업을 시작하면서 만들어내고자 했던 가치가 어떤 것인지를 생각하면 된다. 물론 대부분이 돈을 벌기 위해서 하는 것으로 귀결될 것이다. 그러나 좀 더 자세히 보면 그 돈을 얻기 위해 고객에게 주는 가치, 바꿀 수 없는 기준 그런 것들이 미션인 것이다.

다른 회사들의 미션을 벤치마킹할 때 주의할 사항은 회사별로 '미션'이라는 용어를 사용하지 않는 곳도 많다는 것이다. 예를 들어 유한양행의 경우에는 기업이념이라는 용어로 정의되어 있고, "우수 의약품 생산을 통한 국민 건강향상에 기여" 등이 기재되어 있다. 그리고 실제로 창업주인 유일한박사의 실천철학이었고, 유한양행의 이미지로 잘 굳어져 있다.

단순히 돈을 벌기 위해 사업을 시작한 창업주들도 많을 것이다. 그러나 인사시스템을 구축하려는 단계까지 기업이 성장했다면 이제는 뒤를 돌아보고 어떤 가치를 만들어내는 기업인지를 한번 되새겨 볼 시기라고 보아도 될 것이다. 또한 인사시스템을 만들고 운영함에 있어 가장 초석이 되는 경영자의 생각을 가시화하는 단계이므로 신중할 필요가 있으며, 인사시스템을 설계하는 인사담당자로서는 당연히 이해를 갖고 있어야 하는 부분이다. 그 가치를 기초로 해서 모든 운영상의 방향성이 정해지기 때문이다.

조직의 구성원들은 경영자의 경영이념인 미션에 동의할 때 해당 조직에 동질감을 갖고 충성심을 발휘할 수 있다. 외부적으로 표현된 미션(기업이념)과 실제가 다르다면 가식적인 회사운영이 되어 직원들의 공감을 얻을 수 없음도 명확하다.

이런 미션을 좀 더 구체화한 것을 비전이라고 할 수 있으며, 기업의 비전은 미래상이라고 볼 수 있으며, 직원들이 바라볼 수 있는 구체적인 방향이고 이미지이다.

─── 미션과 비전을 확인하자

미션과 비전은 조직을 운영하는 가장 높은 수준의 정의이다. 따라서 이것을 특정 개인 특히 인사담당자가 정해서 품의하고 승인을 받아 시행할 수 있는 차원의 것이 아니다. 또한 별다른 체계를 갖고 있지 않은 소기업에서 단순히 홈페이지의 칸을 채우기 위해 경영자로 하여금 정해달라고 하고, 그 내용을 그대로 홈페이지 비전란에 약간의 이미지를 더하여 채워 넣는 형태로 진행되는 것도 적절하지 않다. 물론 대부분의 작은 기업들이 그런 형태로 정하고 있지만, 전반적인 인사시스템을 설계해서 시행하려는 시도를 할 수준으로 성장한 기업이라면 그렇게 정하는 것은 바람직하지 않다는 의미이다. 적정한 미션과 비전을 도출해 내지는 못하더라도 이를 정하는 과정을 정상적으로 거치면서 조직의 정체성에 대해 한번 고민해 볼 수 있는 기회를 갖는 것이 오히려 중요하다고 할 것이다.

필자가 재직했던 회사의 실제사례에서 유의사항을 언급해 보고자 한다. 회사에서는 CEO 직속 기획팀 주관으로 Visioning을 진행하면서, 회사의 비전으로 적합한 문장을 직원들에게 공모하였다. 직원들의 참여를 유도한다는 명분이었다. 당시 직원 수는 사무직원만 약 90여명이었고, 모든 직원들로 하여금 의무적으로 공모를 하게 하였다. 그리고 그중에서 우수한 것을 선별하여 경영진에서 이른바 짜깁기를 한 최종 결과물을 만든 후 액자에 담아 각 회의실의 게시판과 홈페이지를 통해 공유하였다. 물론 최종적으로 정해진 비전의 내용에 많은 영감을 불어넣은 공모작(최종 결론과 가장 유사한 내용을 담은)을 제출한 직원들을 선발하여 포상도 실시하였다. 결과물 중 하나인 비전은 "The master of OOO for OOO!!"이었다. 이렇게 정해진 비전과 함께 그 하위 요소로서의 미션을 정하였는데[5] CEO 의 과거 재직기업에서의 경험에 의존하여 비전의 하위에 미션을 배 치하였고, 그 결과물은 "Global number 1 speed company"였다. 이렇게 정해진 비전과 미션을 실천하기 위한 강령으로 경영원칙과 핵심공유가치를 정하여 함께 공표하였다. 기획팀에서 결과물을 넘 겨받은 인사총무팀에서는 이를 각 구성원들에게 체화하기 위하여 사내 각종 제도의 내용과 절차에 Visioning 결과물들을 속속들이 반 영하는 작업을 진행하였다. 모든 사내교육 진행 시 Visioning 결과 물을 과제화하여 숙지시켰고, 평가 시에도 핵심공유가치의 실천을 평가항목으로 반영하였다.

그런데 Visioning 직후부터 문제가 발생되기 시작하였다. 실제로는 문제가 발생된 것이 아니라 비전이 없었던 상황과 비교하여 조직에 아무런 변화가 없었다는 말이 더 정확한 표현으로 보인다.

첫째로 거창한 미션과 비전은 직원들이 공감하기에 어려움이 있 었다. 중소기업에서 어떤 단계도 없이 해당 업종의 'Master'나 'Global No.1'이라는 용어를 사용하였다는 점에서 직원들에게는 도달이 불가능한 구호 정도로 치부된 것이다. 따라서 공감대를 전 혀 갖지 못하였다는 점이 가장 큰 이유였다. 실제로 당시 직원들에 게 회사의 비전에 대해 설명해 보라고 하면 기계적으로 암기된 내용 을 무리 없이 답하는 직원들도 있었지만, 이를 위해서 우리가 무엇 을 어떻게 해야 할 것인가에 관한 실천사항을 질문하면 답을 할 수

---

5 일반적으로 Mission이 Vision의 상위개념이나, Mission을 'Vision 달성을 위한 과제'로 해석 하여 진행하였다. 용어에 얽매이기 보다는 취지로 접근하기를 바란다.

있는 직원이 없었고, 또한 그냥 비전은 명목상의 비전일 뿐으로 치부하는 분위기였다. 만약 저런 비전이 삼성이나 LG와 같은 대기업에 있다면 거기서는 충분히 어떻게 하라는 것인지를 이해하겠다는 반응이었다. 작은 회사는 그 회사의 상황에 맞게 실제로 중요시되는 그 무언가를 정하거나, 추구하는 특정 목표나 기술에 관한 사항을 재료로 정한다면 직원들의 공감을 더 많이 얻을 수 있었을 것이다.

둘째로 실제 업무과정 속에서는 '정확한 예측을 통한 실수 없는 업무처리'와 함께 품질을 강조하고, 사고를 미연에 방지하는 시스템으로 많은 회의체와 보고체계를 유지하고 있었다. Visioning 이후에도 이런 운영형태는 유지되었고, 비전으로 표방한 Speed라는 가치는 공허한 구호에 머무르게 되었다. 흔히 이야기하는 '빨리 빨리'의 수준을 넘지 못하고, 이를 실제 운영시스템에 반영하지 못한 것이다.

Visioning의 결과물이 경영자의 생각을 정확하게 표현한 것은 맞다. 그러나 그것이 직원들에게 사고의 방향을 제시하지 못하면 실패할 수밖에 없는 것이다. 직원들에게 사고의 방향으로써 작용하기 위해서는 가장 중요한 사항은 직원들이 미션에 공감이 가능해야 하고, 노력하면 비전을 달성할 수 있다는 가능성을 인식해야 하는 것이다. 따라서 이 부분을 고려하여 Visioning을 진행하여야 결과물들이 제 기능을 발휘할 수 있는 것이다.

좋은 음식을 먹고싶은 곳에서

지난 몇 년간 배달의민족은 정보기술을 활용하여 배달 산업을 혁신해 왔습니다.

이용자에게는 편리함을 선사하여 오래도록 굳어져 왔던 배달 주문 습관을 바꿨습니다. 음식점 사장님의 광고비 부담은 낮추고 매출은 늘려드렸습니다.

이제 우아한형제들은 '좋은 음식을 먹고 싶은 곳에서'라는 새로운 비전으로 한 걸음 더 나아가려 합니다.

기존 배달 음식은 물론 밖에서 사 먹던 맛집 음식, 정성을 담은 집밥까지.

세상의 모든 좋은 음식을 여러분이 원하는 시간과 장소에서 만나게 하는 것을 우리 서비스의 새로운 비전으로 선포합니다.

좋은 것을 더 좋게!

우아한형제들의 도전은 오늘도 계속됩니다

---

6 배달의민족 앱을 운영하는 기업인 우아한형제들이 2015.06월부터 적용하고 있는 비전2.0
   의 내용이다. 2010부터 적용한 비전1.0은 '정보기술을 활용하여 배달산업을 발전시키자'
   였다.

—— 조직운영전략을 작성하자

회사의 미션과 비전이 정해졌으면 이를 실현하기 위한 구체적인 운영기준이 정해져야 하는데, 이것이 바로 조직운영전략이다. 비전을 달성하기 위한 세부사항이며, 이를 통해 회사가 비전에서 정한 목적지로 다가가는 것이다.

예시로 제시하는 조직운영전략 작성내용은 필자가 실제로 기획했던 인사시스템 기획안에서의 조직운영전략을 축약하여 정리한 것이다.

경영자의 조직운영에 관한 모습을 인터뷰를 통해 정리한 내용이다. 실제 단시간 인터뷰를 통해 완성한 것은 아니고, 오랜 시간 곁에서 지켜보며 경영자가 조직운영과 관련하여 표현했던 문장들, 그렇게 표현한 이유, 경영자가 실제로 행한 실제 행동사례 등을 정리한 것이므로 상당히 정합성이 높았다.

그러나 만약 제도설계를 담당할 담당자가 외부에서 채용되어 프로젝트를 맡은 경우라면 오랜 시간 경영자를 지켜보며 얻을 수 있는 농익은 내용을 만들어내기는 쉽지 않을 것이다. 이런 경우 경영자에 대한 심층인터뷰와 함께, 장기간 근속한 직원을 대상으로 경영자가 표현했던 미래의 모습, 회사에 적용하고 싶었으나 잘 되지 않았던 제도들, 그리고 평소 갖고 있는 생각과 같은 과거 히스토리를 습득하는 것이 좋다.

🔊 조직운영전략 예시

우리 회사는 고성과 조직을 지향한다.

1. 우리 회사는 단순 조립/제조업을 탈피하고, 기존 아이템과 연결한 Solution의 개발/제조 및 판매를 수행하며, 궁극적으로 연구개발 중심의 엔지니어링 기술 서비스업을 영위한다.

2. 장기목표 수행을 위한 관련 기능의 계열화를 미래의 모습으로 하며, 계열로 확보할 아이템은 내부 또는 외부에서 발굴하되, 독립 가능한 수준에 이르기까지의 전 과정을 지원한다. 이를 위하여 창의와 협업을 추구하는 조직시스템을 설계/실행하며, 그 기반을 견고히 하기 위하여 벤처리즘에 입각한 조직문화를 구축한다.

3. 사업성과와 연계될 수 있는 지식과 노하우를 체득하기 위한 프로젝트를 지속적으로 계획하고 실행하며, 프로젝트를 포함한 과업의 수행이 조직의 성과로 이어질 수 있도록 구성원의 역량 개발과 자발적 동기부여를 유도하기 위한 제도를 입안하고 실행한다.

4. 자발적 동기부여를 위한 제도가 효과적으로 운영될 수 있는 조직문화 구축을 HR 부문의 최상위 과제로 진행한다.

5. 고성과 조직문화의 구축을 위한 제도의 입안/실행은 Lean Startup 방식을 활용하여 진행한다.

6. 고성과 조직 구성원들의 긍정적 동기인 '일의 즐거움, 일의 의미 인식, 일을 통한 성장 인식'을 할 수 있는 방향으로 제도를 설계하고 운영한다.

7. 개인의 역량개발을 지속적으로 진행하되 조직역량개발과의 조화를 고려하고, 이를 연계하여 발전시킬 수 있는 방향으로 진행한다.

8. 조직성과에 가장 잘 기여할 수 있도록 개인의 강점을 살릴 수 있는 과제의 부여와 동기부여를 위한 보상정책의 실행을 병행한다.

9. 상기 목표달성을 위한 제도를 구현함에 있어 벤치마킹을 진행하되, 우수 사례의 외형적 모방을 지양하고, 해당 제도를 설계하고자 하는 취지와 설계방향, 결과의 유의성에 집중한다.

이런 방법으로 지득한 내용들을 서로 모순되지 않게 나열하면서 연결고리만 만들어주면 적절한 조직운영전략이 완성된다. 이 단계에서 인사담당자에게 필요한 역량은 어쩌면 전략적 사고보다는 국어 실력일 수도 있다. 경영자의 언어 속에서 핵심을 파악하고 글로 표현하는 능력이 중요하기 때문이다.

예시의 내용 같이 조직운영전략을 정리하게 되면, 기본적인 조직운영의 방향과 조직구성, 각 인사 기능별 제도설계의 방향이 어느 정도 정해진 것과 다름없다. 이후에 나오는 각 기능별 제도수립은 조직운영전략에 살을 붙이는 방식으로 진행하게 된다. 이 작업을 진행하기 위해서는 각 인사기능의 종류별로 활용 가능한 방법들의 내용과 장/단점 등에 대한 탐독의 선행이 필요하다. 담당자 자신이 학습을 통해 준비해도 되는 부분이나, 만약 외부 전문가를 컨설턴트로 활용한다면 이 부분에 대한 조언과 장단점에 대한 사례 등 폭넓은 간접 경험을 얻을 수 있어 진행이 빨라질 수 있을 것이다.

비전과 전략은 불변의 것이 아니다. 미션을 이상향이라고 본다면 비전과 전략은 미션에 도달하기 위한 과정을 담당하게 된다. 따라서 상황에 따라 변경 가능한 어느 정도의 유연성을 갖고 있어야 하며 수정이 가능해야 한다. 최근 그 변경주기가 짧아지고 있는 추세에 따라 비전 5~10년, 조직운영전략은 길어도 3~5년 주기로 변경을 해주어야 한다. 이런 이유로 특히 조직운영전략은 너무 거창하게 만들기보다는 현실적으로 접근하여 실행 가능성을 염두에 둔 접근이 필요하다. 여러분이 알고 있는 좋은 회사들의 홈페이지를 방문해서 그 회사들의 비전을 찾아서 보다보면 어떻게 해야 할지 감을 잡을 수 있을 것이다. 사례를 통해 잘 작성된 비전과 잘못 작성된 비전을 비교해주고 싶은 마음이 있으나, 그 회사들의 상황에 따라 달라질 수 있는 내용이므로 그냥 위와 같은 방법만 추천하고자 한다. 다른 우수한 회사들의 비전들을 정리하다보면 각자의 회사에 맞는 것이 있을 것이다. 아마도 업종과 운영방향이 유사한 업체가 아닐까 싶다. 이렇게 찾은 표본을 기준으로 변환하여 각자의 회사의 비전을 만드는 것도 방법이다.

사실 Visioning은 인사시스템을 설계하는데 직접적인 역할을 하는 것은 아니다. 하지만 제도화의 단계가 아닌 체계화의 단계로 나아가기 위해서는 체계를 잡아줄 기준이 필요하다. 그 기준 역할을 하는 것인 조직운영전략이다. 또한 조직운영전략을 만드는 기초자료가 Visioning이기 때문에 가장 앞부분에 이 내용을 배치하는 것이다. 인사시스템 설계는 집을 짓는 것처럼 진행되어야 한다. 당장 살 집이 급히 필요하다고 해서 바로 벽돌로 방과 거실부터 만들 수는 없다. 처음에는 어떤 집을 지을 것인지에 대한 구상을 하고, 주변 환경을 고려하여 위치와 방향을 정하고 방, 거실, 주방, 욕실의 개수와 배치를 구상하고, 옥상과 발코니를 만들지 여부를 정하는 등의 컨셉을 잡는 것이 시작이다. 그 이후에야 구체적으로 설계도를 그릴 수 있다. 설계도가 완성되면 바닥기초공사부터 진행하고 기둥과 보를 넣고, 외벽을 치고, 그다음에 내벽으로 구획을 하고, 그 이후에 창을 넣고 마감을 한 후, 가구를 배치하는 식으로 진행되어야 한다. 이와 같이 전체적으로 조직의 운영방향이 정해져야 그 방향으로 나아가게끔 하는 제도들이 만들어질 수 있는 것이다.

—— 핵심공유가치를 작성하자

핵심공유가치는 임원과 직원을 구분하지 않고, 모든 조직구성원이 공유해야 할 가치들 중 핵심이 되는 것을 의미한다. 이런 핵심공유 가치가 빛을 발하는 순간은 상사의 부재 시 하급자가 상사를 대신하여 의사결정을 해야 하는 시기이다. 물론 그 외 모든 순간에도 적용이 되겠지만, 조직 구성원 누군가가 업무와 관련한 의사결정을 하게 되는 경우 그 판단의 기준이 되는 '그 무언가'가 바로 공유가치이다.

그림 2-3 **핵심공유가치의 요건**

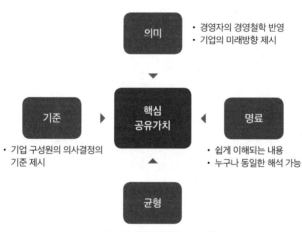

구성원인 어느 개인이 의사결정을 함에 있어 염두에 두는 가치가 그 상사 뿐 아니라 최고경영자와도 같다면 어느 누가 의사결정을 하더라도 동일한 결론이 도출되는 것이 가능해진다. 좀 더 나아가면 권한의 위임이 가능해지고 이는 상사(또는 임원) 업무범위의 한계를

확대시킴으로써 조직의 확대성장이 가능한 초석이 된다.

만약 조직 구성원이 경영자가 추구하는 가치와 다른 자신이 중요시하는 가치를 중심으로 의사결정을 한다면 경영자는 조직 구성원 개개인의 모든 의사결정을 모니터링 해야 한다. 모니터링 시 본인의 가치와 다른 의사결정이 행해진 경우가 발견되면 이를 일일이 수정해야 하는 번거로움이 발생될 것이다. 또한 모든 의사결정을 모니터링 한다는 것 자체도 불가능하며, 누락되는 경우 사고로 이어질 것이다. 이를 사전에 예방하고 조직 내 개별 의사결정의 방향성을 공고히 하는 것이 바로 핵심공유가치의 역할이다.

사람 개개인은 모두 다른 존재이다. 서로 다른 유전자를 갖고 있고, 서로 다른 환경에서 자라왔으며, 서로 다른 것을 배웠고, 성향에 따라 서로 다르게 생각한다. 게다가 최근의 조직들은 조직의 유지성장을 위해 획일성을 지양하고 다양성을 추구하고 있다. 조직 내에서 구성원의 다양성은 그 사고의 다양성을 확보하여 많은 기회를 갖기 위함이지 서로 다른 많은 종류의 결론을 내기 위함은 아니다. 다양한 생각을 가진 구성원들을 포함하는 조직에서 모든 의사결정을 담당자의 개인 판단에 맡긴다면 각자가 중요하다고 생각하는 가치에 맞추어 의사결정을 할 수밖에 없고 모든 것이 경영자가 생각하는 방향으로 일관성있게 나아갈 가능성이 매우 낮아지는 것이다. 이런 문제를 해결하기 위한 대안이 핵심공유가치의 설정이다.

정리하면, 경영자가 중요하다고 생각하는 가치, 다른 말로 표현하면 의사결정의 순간에 서로 다른 가치가 충돌하면 경영자는 어떤 가치에 우선순위를 두고 판단할 것인가를 구체적으로 정의하여 가시화하고, 조직 구성원들로 하여금 그 기준에 맞추어 의사결정 하라고 알리는 것이다. 이렇게 정의된 미션과 비전, 핵심공유가치에 조직 구성원인 직원들의 가치관을 맞추는 작업을 하면, 직원들의 공감을 얻게 되어 회사업무 진행의 속도와 완성도에 영향을 미치게 된다. 또한 조직의 가치관에 공감을 갖게 되면 직원들은 자연스럽게 자신의 가치관을 맞추는 심리적 조작이 일어나게 되어 조직에 기여하고자 하는 동기가 일어나게 된다.

그림 2-4 조직과 개인 가치관의 동기화

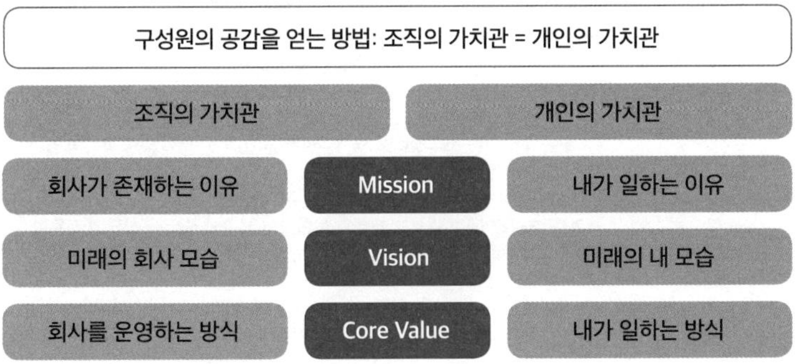

구성원의 공감을 얻는 방법: 조직의 가치관 = 개인의 가치관

조직의 가치관		개인의 가치관
회사가 존재하는 이유	Mission	내가 일하는 이유
미래의 회사 모습	Vision	미래의 내 모습
회사를 운영하는 방식	Core Value	내가 일하는 방식

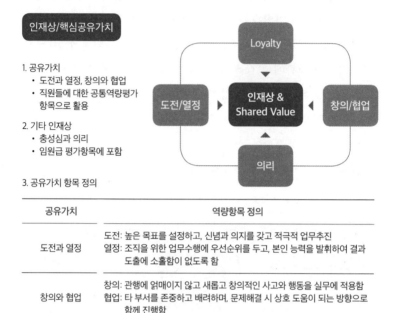

그림 2-5 인재상/핵심공유가치 공표 예시

인재상/핵심공유가치

1. 공유가치
   - 도전과 열정, 창의와 협업
   - 직원들에 대한 공통역량평가 항목으로 활용
2. 기타 인재상
   - 충성심과 의리
   - 임원급 평가항목에 포함

3. 공유가치 항목 정의

공유가치	역량항목 정의
도전과 열정	도전: 높은 목표를 설정하고, 신념과 의지를 갖고 적극적 업무추진 열정: 조직을 위한 업무수행에 우선순위를 두고, 본인 능력을 발휘하여 결과 도출에 소홀함이 없도록 함
창의와 협업	창의: 관행에 얽매이지 않고 새롭고 창의적인 사고와 행동을 실무에 적용함 협업: 타 부서를 존중하고 배려하며, 문제해결 시 상호 도움이 되는 방향으로 함께 진행함

예시로 제시한 인재상과 핵심공유가치는 필자가 실제 진행했던 내용이다. 회사 대표의 철학을 토대로 작성하였고 혼선을 줄 수 있는 미사여구를 가급적 자제하려고 노력하였다. 너무 단순하여 자칫 명료성이 떨어지지 않을까 하는 우려가 있어 세부내용을 정리하고 일부러 기회를 만들어 교육의 방법으로 지속 공유하였다. 사내에 시행하는 제도에 반영하고 평가의 요소로 활용함에 따라 구성원들의 이해를 명확하게 하였다.

━━ Visioning 결과물에 대해 고민해보자

지금까지 열거한 미션, 비전, 전략, 공유가치가 무조건 다 있어야 하는 것인가라는 궁금증이 있다. 무언가 논리적 사고를 하는 사람들은 전체적으로 짜여 있는 것을 좋아하므로 모두 구비되어야 하는 것으로 여길 수 있겠지만, 굳이 중소기업에서 거창하게 이런 것들을 다 갖출 필요가 있는지는 고민해 볼 사항인 것은 분명하다.

모든 것이 구비되어 있으면 회사 홈페이지의 기업소개나 인재상에 해당 내용들을 충실히 채워 좋은 기업으로 보일 수 있을 것이다. 그러나 형식에 얽매이다 보면 자칫 가식에 빠지기 쉬운 것도 현실이다. 가령 여러분이 Visioning 결과물로 일컬어지는 모든 항목을 모두 정해야 한다고 보고했다고 가정하자. 경영자가 한번에 OK를 할 수 있을 것인가도 문제이다. 담당자는 컨설턴트와는 다르다. 많은 책에서 본 내용으로 각각의 필요성은 설명할 수 있을 것이다. 그런데 그 중 하나라도 빠지면 문제가 되는지에 대한 질문을 받는다면 그에 대한 설명은 어려울 수 있다.

필자도 실제 기획을 하면서 그런 문제에 봉착했었던 경험이 있다. 설득이 필요한 임원이 여러 명이다 보니 모두 생각이 달랐고, 사회에 진출해서 본인들이 몸 담았던 조직의 문화도 달랐지만 경험했던 분야도 모두 달랐다. 즉, 모두 서로 다른 생각을 갖고 있는 분들이었다. 임원뿐 아니라 제도설계 후 실행에서 많은 역할을 해야 하는 팀장들 또한 상황은 다르지 않았다. 이들에게 Visioning의 4가지 위계를 모두 숙지하게 하고 전파하게 하는 것은 체화가 되기 전까지는 기계적인 역할을 주문할 수밖에 없고, 이는 또 하나의 부담스러운 업무를 주는 것과 같았다. 실제 내용을 이해하지 못하거나 동의하지 못한 경우에는 그 수고가 더욱 커지고 제도에 대한 반감도 강할 수밖에 없는 것이었다.

따라서 과감한 축소도 가능하고, 맘에 안 드는 용어를 자신들에게 익숙한 용어로 정의하여 사용하는 것도 가능하다. 미션을 정의하지 않거나, 비전을 정의하지 않는 경우도 있고, 이 두 가지 개념을 혼합하여 하나의 큰 틀로 잡고 그에 맞는 전략을 정할 수도 있다. 심지어 어떤 조직은 우리가 사전적으로 정의한 미션과 비전을 바꾸어 사용하는 경우도 있다. 비전을 상위개념으로 하고, 이를 위해 조직이 수행하여 달성해야 할 하위목표를 미션으로 정의하기도 한다.

따라서 경영진이 여러분의 보고서에 사용된 용어나 필요성에 대해 이슈를 제기한다면 우리가 알고 있는 용어와 필요성을 관철시키기 위해 노력하기 보다는 보다 유연하게 대응하는 것이 필요하다. 중요한 것은 이 작업이 조직전략에서 매우 중요한 것이기는 하지만, 여러분이 이 작업을 통해 얻고자 하는 것은 인사시스템의 방향성을 잡기 위해 필요한 기준을 설정하는 것이라는 점을 명백히 하면 된다. 업무의 목적을 명확히 정의한다면 여러분은 조직의 운영방향과 이에 맞는 인재상이 무엇인지, 어떻게 하는 것이 이 조직에서 성과를 낸다고 인정받는지 등을 명확하게 알 수 있다면 여러분은 이 단계에서는 성공적인 결과를 도출한 것이다.

이런 관점에서 볼 때 제도설계의 기초를 다지기 위해 인사담당자에게 필요한 것은 조직운영전략이며, 이것은 두 가지 요건을 충족하고 있으면 된다. 그 하나가 경영자의 의지를 정확하게 반영하고 있는가에 관한 것이고, 나머지 하나는 인사시스템 설계에 바로 적용할 수 있을 정도로 구체적으로 기술되어 있는가 하는 점이다.

만약 이 부분을 경영진에 맡기면 경영자 자신의 실제 희망과 우리 조직의 대외적인 이미지 사이에서 고민하다가 어정쩡한 결과물이 도출될 수 있다. 예로 다른 회사나 교과서의 좋은 문장을 짜깁기하여 '합리적 권한이양을 통해 효율적이고 빠른 조직을 만든다'라고 정했다고 가정해 보자. 하지만 실제로는 모든 의사결정을 본인이 하거나, 본인의 생각과 조금이라도 다른 결정이 하위자로부터 나오면 질책하는 경영자나 임원이 존재한다면 위 문장은 조직운영전략으로 적절하지 않은 것이 된다. 따라서 이 부분은 제도 설계를 담당할 인사담당자가 실제에 맞게끔 직접 챙기는 것이 좋다.

단, 모든 것을 인사담당자가 정리하는 것이 벅차다면 상위단계에 있으면서 조직운영전략의 전제가 되는 미션이나 비전은 경영진에 맡겨도 크게 문제되지는 않을 것이다. 물론 미션이나 비전이 명확하면 가장 좋은 경우이겠으나, 처음부터 모든 것이 완벽하게 준비될 수는 없다. 또한 이를 처음 인사시스템을 설계하는 인사담당자가 모두 맡기에는 어려운 점도 있을 것이다. 실제로 미션과 비전은 조직 전체에 관한 것으로 전략기획을 담당하는 부서나 경영진에서 정하는 것이 무리가 없으며, 만약 인사담당부서에서 해당 기능까지 담당하고 있다면 인사담당부서에서 이를 진행하는 것이 좋다는 것이다. 처음에 전제로 기술한 것처럼 체계가 갖추어지지 않은 조직이라면 전략기획 기능이 인사부서에 있지 않을 가능성이 높다. 앞에서 미션과 비전의 설정을 경영진에게 맡겨도 된다는 것은, 인사담당자가 직접 챙겨서는 결과 내기가 어려운 업무를 무리해서 담당할 필요는 없다는 것이다. 다만 경영자가 이 부분까지도 인사담당자가 진행하기를 명시적으로 원한다면 기꺼이 진행하는 것을 추천한다. 이 또한 좋은 업무경험이 될 것이다.

이상과 같이 완료된 Visioning 결과물 중 미션과 비전, 핵심공유가치는 조직차원에서의 방향성을 갖는 기준이 되는 것이고, 구체적인 인사제도 설계내용에서는 교육의 내용, 평가의 항목 등을 구성하는 내용으로 역할을 한다.

다시 말하지만, 인사시스템 설계에 있어 가장 중요한 것은 바로 조직운영전략이다. 미션이나 비전 수립 후 하위 개념은 '전략'이라 칭하는 것이 적정하나, 그냥 전략이라고 하면 사업전략, 영업전략, 기술전략 등 모든 내용이 포괄될 수 있어 자칫 우리가 인사시스템 설계라는 업무를 진행하는데 있어 방향을 잃을 우려가 있다. 그래서 지금 진행하고자 하는 업무에 집중하여 '조직운영'이라는 단어를 꼭 포함하여 진행해야만 그 범위가 명확해지고, 실질적으로 의사결정과 실행의 주체가 되는 경영진의 의견들이 인사담당자가 필요로 하는 항목으로 좀 더 집약적으로 취합될 수 있을 것이다.

─── 조직운영전략을 인사제도에 반영하자

조직운영전략은 최고경영자가 생각하는 이상적인 조직의 모습인 경우가 많다. 최고경영자가 다른 기업에 소속되어 근무하다가 독립한 경우라면 그 이상적인 조직의 모습이 바로 본인이 경험한 그 기업의 조직운영 시스템인 경우가 많다. 현재의 부족한 부분을 과거 경험했던 내용으로 채우는 것만으로도 당장의 문제는 해결되기 때문이다. 특히 대기업 출신의 경영자라면 더욱 그런 모습들을 찾기 쉬울 것이다. 따라서 인사담당자는 최고경영자 또는 영향을 많이 미치는 임원이 소속되어 있던 기업의 자료를 구해 연구한다면 보다 수월하게 그 목표점을 확인할 수 있을 것이다. 이 중 우리 조직에서 실행 가능한 부분이 있고, 도저히 실행이 불가능한 부분도 있을 것이다.

그러나 이미 회사에서 운영하고 있는 제도들을 자세히 살펴본다면 경영자나 임원들이 속해있던 기업의 제도를 모방한 것들이 있을 것이다. 경영자는 본인이 기업을 운영하면서 체계적으로 정리하지는 못했더라도 본인의 기존 경험이나 영향력 있는 임원의 조언을 토대로 제도들을 하나씩 만들어 운영하고 있을 것이다. 따라서 현재 조직에서 기존 소속 기업에서 운영하던 제도의 외형과 유사한 제도가 운영이 되고 있을 가능성이 높다는 것이다. 그러나 그 운영의 내용을 들여다보면 너무나 판이하게 차이가 나는 경우를 심심치 않게 볼 수 있다. 제도가 실행되는 제반 환경과 조건이 다르게 때문이다.

표 2-3 Gap 분석 예시

기능	To-be	As-is	Gap 원인분석	Gap 제거방안
채용	엔지니어링 조직을 위한 우수 연구개발인력 확보	지원자 중 요구역량 보유자 부족	• 높은 역량의 경력직 선호 • 낮은 인지도에 의한 지원자 부족	• 신입채용 및 내부육성 조직문화 구축 • 인지도 제고활동 입안 및 실행
		희망연봉과 제시연봉 차이로 인한 입사포기	• 동행 또는 추종전략의 임금수준 • 연봉 Table의 경직성	• 임금수준에 있어 동종업계 상위 조정 • 연봉 Table을 Pay Band로 설계
육성	직급별 요구 수준에 맞는 역량 보유	고 직급자의 역량수준 저하	• 일원화된 승진체계	• 관리자와 개발자 CDP 구분
			• 역량개발의 필요성 인식 저하	• 역량의 인사평가 및 보상 연계
평가	평가를 통한 동기부여	평가의 형식적 진행	• 과정에 대한 점검 없이 기말평가	• 프로젝트 평가반영 • 목표설정 시 면담
		평가결과의 중심화 경향	• 구체적인 변별 기준 모호	• 일정비율 강제할당 실시
		평가제도에 대한 신뢰 부족	• 과거형 피드백 및 분석과 개선안 논의가 없음	• 평가피드백 강화 • 평가 후 EOS 실시

따라서 먼저 진행해야 하는 부분은 조직운영전략이 성공적으로 실행될 수 있는 조직의 운영상황과 조직 구성원의 역량, 그리고 그 실행을 가능하게 하는 환경적 요인들을 To-be로 보고, 현재 우리 회사의 상황을 As-is로 하여 그 차이가 무엇인지를 확인하고 그 차이를 없애 나가는 방향으로 설계해야 한다. 또한 인사담당자는 그 설계된 내용의 구체적인 실행까지도 본인이 부여받은 인사제도 설계라

는 숙제에 해당하는 것임을 인식해야 한다. 즉, 인사관리의 각 기능별 To-be와 이에 대응하는 현재 상황인 As-is를 기술하고, 그 Gap을 제거방법을 기술하면 이것이 인사전략이 되고, 여기에서 구체적인 실행방안이 도출될 것이다.

위에서 작성한 분석사례 내용에서는 실제 As-is & To-be 방식의 Gap분석 사례를 제시하였다. 필자가 실제로 진행하면서 작성했던 내용을 참고 가능하도록 간략하게 축약한 내용이다. 각자 본인들의 회사에 실제 문제점이라고 인정되는 부분을 기술하되 인사담당자 개인의 생각이 아닌 객관적인 자료를 통해 기술해야 한다.

그림 2-6 **인사전략 도출**

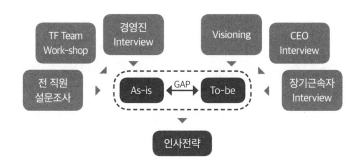

인사전략 도출 내용의 도식화된 과정을 보면, 앞서 언급한 것과 같이 조직운영전략의 앞으로 나아갈 방향은 Visioning에서 도출된 내용을 토대로 작성되며, 구체적인 세부모습은 CEO Interview, 장기근속자 Interview 등을 통해 작성이 가능하다. 그리고 현재의 상황을 분석하는 As-is를 분석하기 위해서는 최고경영자를 포함한 경영

진의 생각을 정리한 내용과, 인사시스템 설계 TF 구성원들의 워크샵에서 분석된 내용, 그리고 직원들의 인식조사 설문을 통해 확인이 가능하다.

As-is를 분석하는 세 가지 방식은 그 중 하나를 택하는 것이 아니라 모두를 실행하는 것이 좋다. 굳이 순서를 정하자면 전직원 설문이 가장 먼저 실행되어야 하고, 그 결과를 토대로 TF 워크샵을 진행하고, 워크샵에서 정리된 내용을 토대로 경영진의 생각을 수렴하는 방식으로의 진행하는 것이 자연스러울 것이다. 다수의 정제되지 아니한 내용을 한번 정제한 후 의사결정 권한을 가진 경영진이 이를 토대로 내용을 정리할 수 있게끔 하는 방향이라 할 수 있다. 최종 결정의 단계에서는 TF에서 정리된 내용을 보고하고 조언을 받는 형식으로 진행하는 것이 좋다.

설계된 제도가 경영진의 동의와 지원을 받지 못한다면 실행단계에서 심각한 벽에 부딪히게 되는 경우가 발생한다. 직원설문은 객관적인 통계분석 결과가 가시적으로 정량화되어 제공되며, TF는 다수의 의견이 모아진 것이므로 여기까지 내용이 정리가 된다면 경영진이 원론적인 수준에서 방향을 바꾸는 경우는 발생 가능성이 낮다. 단, 이를 위해서 설문은 범용으로 쓰이는 설문이나 공신력 있는 기관[7]에서 만들어 시행하는 것을 활용하는 것이 좋다. TF 구성은 직군별 대표가 모두 참여하는 것이 좋고, 직군별 대표는 굳이 팀장급일 필요는 없으나 어느 정도 경륜이 있는 중간 관리자급 이상으로 구성하는 것이 좋다. 본인이 속한 직군의 고유특성을 파악하고 있어 인사제도

---

7 고용노동부, 노동연구원 등 공공연구기관 및 생산성본부 등 공신력 있는 기관을 의미한다.

의 각 선택지가 해당 직군에 속한 직원들에게 미치는 영향에 대한 의견을 표출할 수 있는 수준은 되어야 한다는 의미이다.

조직운영전략은 그 내용에 따라 사람에 관한 것과 일에 관한 것으로 구분될 수 있다.

일에 관한 것은 조직의 성과를 높이기 위하여 일하는 방식을 어떻게 가져갈 것인가라는 질문으로 이어지며, 인사제도에서는 평가의 대상이 되는 조직의 단위와 업무의 단위로 크게 구분해 볼 수 있다. 이는 프로젝트 관리와 개인의 목표관리와 자연스럽게 연결되며, 성과평가와 성과보상까지 연계가 된다.

사람에 관한 것은 회사가 일을 진행하여 성과를 내기 위해 필요한 사람을 어떻게 정의하고, 정의된 맞는 인원을 어떻게 확보할 것인가로 나타낼 수 있다. 이는 조직의 인재상 및 역량과 연결이 되며, 역량평가와 육성, 보상과 연계가 된다.

2장

조직구조와 인재상을 정하는 방법

적합한 조직구조를 설계해보자

조직운영전략을 구체적으로 실행하기 위해서는 업무를 수행하는 조직을 어떻게 구성할지에 관한 사항을 정의하여야 한다. 만약 운영전략을 구체적으로 설정했다면 이 부분은 쉽게 해결할 수 있다. 조직구조의 설계에 관한 문제이며, 어떤 형태의 조직구조가 기업 또는 경영자가 하고자 하는 전략을 가장 잘 수행할 수 있는가에 대한 답을 구하는 과정이다. 이를 명확하게 설정해야만 해당 조직의 구성원이 수행한 업무에 대한 평가(이른바 성과평가)의 대상인 업무목표를 설정할 수 있고, 이를 평가할 평가자의 설정도 가능하다.

선택가능한 조직구조의 기본유형을 제시하자면, 직능부제조직, 사업부제조직, 프로젝트조직, 매트릭스조직 4가지 정도가 가능하다. 이 책에서는 각 조직구조에 대해 간략하게 소개하며, 실제 기업에서 조직설계 시 고려할 부분에 대해 필자의 경험을 일부 전달하고자 한다. 그 외 추가적인 조직구조의 유형이나 설계 시 유의해야 할 많은 학자들의 의견이나 견해 같은 더욱 자세한 내용은 이를 전문적으로 기술한 전문가의 서적이나 조직관리에 관한 기본서를 중심으로 학습한다면 좀 더 충실한 내용파악이 가능할 것이다.

직능부제 조직

조직형태에서 가장 일반적인 형태는 직능부제 조직이다. 인사제도 설계를 시작하게 된다면 아마도 여러분의 기업은 이 형태의 조직구조를 갖고 있을 가능성이 매우 크다.

표 2-4 직능부제 조직

의의	기업 내 각 직능들을 하나의 부서로 설정하여 해당 전문가를 배치하는 조직을 형성하는 것으로 가장 전통적인 조직구조 접근 방식
유의점	조직이 경직화 될 가능성이 높고, 정보소통에 장애가 발생하기 쉬우며, 최고경영자에 업무가 집중되고, 전체를 보는 능력을 갖기가 쉽지 않아 기업가적 인재육성이 어렵다.

직능부제 조직구조는 가장 전통적이고 기초적이며, 안정적인 구조이기 때문이다. 만약 여러분에게 인사제도 설계를 요구한 상사(일반적으로 CEO)가 요청하는 조직운영전략 내에서 만들고자 하는 조직구조가 이와 다르다면 일단 이 구조를 As-is 또는 일반구조로 설정하고 To-be를 설계해야 하고, 만약 특별히 만들고자 하는 조직구조의 밑그림이 제시되지 않았다면 직능부제 조직구조를 기준으로 여러분이 속한 기업의 조직구조를 그리면 될 것이다.

필자는 도전적인 과제수행을 위한 프로젝트 중심의 조직구조의 설계를 요구받은 경험이 있다. 자체적인 고민과 거듭되는 의견청취와 논의를 거치면서 최종적으로 직능부제 조직을 베이스로 하는 프로젝트 조직으로 설계가 되었다. 개별 업종과 비즈니스모델에 따른 직무구조에 따라 달라질 수 있겠으나, 프로젝트를 준비하는 단계에서 각 구성원을 끌고 올 Pool이 필요하였다. 기존 개발과 생산 기반의 제조업체로 유지되던 회사였으므로, 별도의 프로젝트 수행만을 위한 인력 Pool은 존재하지 않았고, 프로젝트 수행 시에는 해당 기능 수행이 가능한 인원을 현업 부서에서 차출하는 방식의 진행이 불가피하였다. 이에 따라 프로젝트가 완료된 후 프로젝트 구성원들은 프로젝트 차출 이전에 그들이 속해 있던 현업 부서로 복귀하는 형태로 조직을 설계하였다.

SI(System Integration) 업체와 같이 처음부터 프로젝트를 염두에 두고 기업이 존속해 온 회사라면 크게 문제될 것이 없겠으나, 제조업 기반으로 시작해서 분업에 의한 완숙한 기능조직을 갖추고 있는 회사를 프로젝트 조직으로 변모시킨다는 것은 쉬운 일이 아니었다. 순수한 프로젝트 조직을 구현하고자 한다면 프로젝트를 설정하고 내부에서는 리더 pool만을 보유한 상태에서, 그 프로젝트 기간 동안 해당 팀에 소속되어 업무수행이 가능한 핵심인원을 내부에 보유하고, 프로젝트 기간 동안 임시로 업무수행 가능한 기간제 근로자를 채용하는 형태로 진행하고자 하는 의견이 대안으로 도출되었으나, 전통적인 제조기업에서 이를 실행하기에는 어려움이 있었다.

사업부제 조직

사업부제 조직은 제품, 지역 또는 고객별로 분할하여 각 사업별로 부서를 구분하고, 엄격하게 분리경영을 하는 구조이다.

표 2-5 사업부제 조직

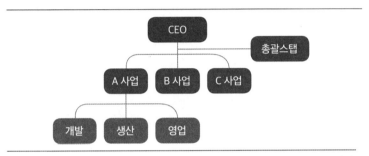

의의	기업이 진행하는 사업의 종류에 따라 제품, 지역 또는 고객별로 분할하여 각 사업부로 설정하고, 해당 사업별로 필요한 자원과 권한 및 책임을 부여하는 것
유의점	개별 사업의 이익과 기업 전체의 이익이 연동되지 않는 부서이기주의가 발현될 수 있고, 정착을 위해서는 상당히 고도화된 관리역량을 필요로 한다.

실제로 이익을 내는 제품, 지역, 고객을 확보하고 있는 부서는 자신들의 역할을 어필하기 위해 사업부제를 원하는 상황이 발생한다. 좀 더 엄격하게는 요구사항을 설명하자면, 개별적 매출과 원가/비용을 산정하여 수익평가를 한 후, 해당 수익의 배분방식에 따른 차등보상을 요구하거나, 수익배분 방식은 아니더라도 사업부의 수익을 명확하게 계산함으로써 조직이 성과에 대한 자신들의 기여도를 어필하여 높은 수준의 성과보상 확보가 가능하기 때문이다.

그러나 초창기부터 운영되어 온 조직의 형태가 사업부별로 구분이 용이한 경우이거나, 건설업과 같이 현장별로 별도의 사업장 개념을 부여하여 개별 원가계산을 해야 하는 경우가 아니라면 설계가 쉽지 않은 조직구조이다. 인적/물적 자원의 사업부별 배분이 용이하지 않고, 조직의 관리역량이 사업별 고정비 배분 등을 수행할 수준에 미치지 못한 경우가 일반적이므로, 현실적으로 채택하기는 쉽지 않기 때문이다.

프로젝트 조직

프로젝트 조직은 특정 문제의 해결에 집중한다. 해당 문제의 해결을 위한 인적/물적 자원을 해당 프로젝트팀에 배정하며, 내부자원만으로 부족한 경우 외부에서 자원을 유입시켜 구성한다.

표 2-6 프로젝트 조직

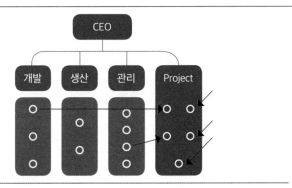

의의	• 조직 내 특정 문제를 해결하기 위해 조직 내 인적/물적 자원을 결합하는 임시적 조직형태 • 프로젝트 전담인원은 Full-time으로, 직능부서의 지원인원은 Part-time으로 소속되어 업무를 수행
유의점	• 팀원 간 팀워크 문제와 기존 소속조직과의 갈등 존재 • 프로젝트 리더는 이에 대한 조정능력이 필요하며, 프로젝트의 성패는 리더의 역량에 따라 좌우되는 경우가 많음

일반적으로 중소기업은 인적/물적 자원이 유한하다. 단순히 돈을 지불하면 얻을 수 있는 물적 자원은 필요에 의해 확보할 수 있으나, 인적자원의 경우에는 우수인력이 매우 소수인 경우가 많고, 이런 소수의 우수인력은 본인이 속한 기능조직 내에서 이미 중요한 역할을 수

행하고 있기 때문에 타 부서와 공유하기가 쉽지 않다는 현실 때문에 추가적인 고민이 필요해진다.

프로젝트 조직은 임시적이기는 하나 조직 내 중요한 문제를 해결하고자 하는 경우가 많다. 그러나 실제 구성을 해 보면, 우수인력은 기존 소속부서에서의 차출이 쉽지 않은 경우가 대부분이고, 프로젝트 팀의 리더가 기능팀의 리더에게 인원요청을 하게 되면 당장 공백이 있어도 업무에 지장을 주지 않을 정도의 잉여 수준의 인원을 배정해 주는 경우가 다반사이다. 따라서 정말 중요한 문제의 해결이나 기업의 미래를 결정하는 수준의 중요한 프로젝트에 대해서는 전체 부서를 총괄하는 CEO급의 경영자가 의지를 갖고 직권으로 인원을 차출하는 방식을 선택하여야 하며, 가급적이면 기존 소속부서와의 연결고리를 끊어주는 노력이 필요하다. 이런 노력 없이 우수인력 개인으로 하여금 프로젝트에서의 역할과 기존 부서에서의 역할을 병행하게 하는 경우 프로젝트에 몰입할 수 없어 실패하는 결과를 초래할 가능성이 매우 높아지게 된다.

매트릭스 조직

매트릭스 조직은 1인의 구성원이 직종에 따른 기능부서와 업무성과를 내기 위해 소속되는 업무부서가 구별되는 조직구조이다.

표 2-7 매트릭스 조직

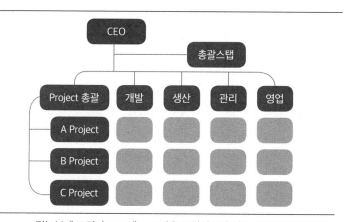

의의	• 직능부제 조직과 프로젝트 조직을 통합하고자 하는 조직의 요구에 부응하고자 고안된 조직 • 이중 역할구조로 되어 있으면서 복합적인 조직 목표를 달성하고자 하는 접근 방식
유의점	• 두 명의 리더에 의한 힘겨루기가 가능하여, 권한 영역의 설정과 갈등해결 방안의 확립이 중요하다. 이에 따라 관리비용의 증가가 수반된다.

매트릭스조직은 프로젝트 조직보다 더 복잡한 구조이다. 언급한 바와 같이 관리비용의 증가가 수반된다. 이는 인원의 운영방식이나 추후 진행될 인사평가에서도 이를 어떻게 정리할지에 대해 많은 고민을 하게 되는 구조이다. 만약 인사시스템 설계의 요청자인 경영자가 매트릭스 구조를 원하는 경우 여러분은 심각하게 대응방안을 고

민해 봐야 한다. 앞에서도 언급했지만 이제 막 회사의 인사시스템을 설계하고자 하는 시점이라면, 상황에 비추어 과도하게 성숙한 형태의 조직형태를 요구하는 것이기 때문이다.

그러나 경영진으로부터 요구되기 전이라도 여러분이 사전적으로 매트릭스 조직구조를 추천해야 하는 경우도 있을 것이다. 바로 지방이나 해외에 단순한 사무소 규모를 초과하는 공장과 같은 사업장이 있는 경우이다. 해외공장이 있는 경우를 예로 들면, 본사에서 파견된 해외공장의 총괄 관리자는 생산관리나 품질관리와 같은 어느 특정 분야의 전문가일 것이다. 이런 인원은 개발이나 영업, 관리 분야를 잘 모르는 경우가 대부분이다. 만약 해외공장에서 생산만 담당하게 하는 경우 개발이나 영업기능은 수행할 필요가 없지만 아무리 단순화한다고 해도 인사, 총무, 재무 등 기능은 존재하게 된다. 이 경우 본사의 기능부서에 해외공장의 동일 해당 기능 부서에 대한 관리감독 역할을 부여하여, 일정 권한과 책임을 지게 해야 한다. 공장 책임자는 일반적으로 본인이 달성해야 할 업무목표를 본인의 전문분야에서 찾을 것이다. 현지 총괄 관리자가 전문성을 갖고 있는 분야가 아닌 기능부서에 대한 관리감독을 본사에서 관리하지 않고 방치할 경우 그 부서는 사고의 위험성이 높아지게 된다.

실제 진행했던 방법을 제시한다면, 해외법인의 각 기능부서에서 진행되는 의사결정 사항에 대해 전자결재를 통한 품의를 진행하게 하고, 결재에 본사 기능부서의 책임자나 중간관리자급이 합의를 하게끔 진행한다면 해외법인의 업무 모니터링이 가능할 뿐 아니라, 본사에서 책임 있는 관리감독이 가능하게 된다.

── 조직에 필요한 역량을 정의하자

업무의 수행과 관련한 조직구조를 정리한 후에는 업무를 수행할 사람에 관한 부분을 살펴보아야 한다.

회사에서 업무를 잘 수행하여 성과를 내기 위해서는 어떤 사람이 필요한지에 대한 고민이 필요하며, 이것을 인재상이라고 표현할 수 있다. 인재상을 정의하기 위해서는 조직운영전략과 연계된 구성원의 필요역량의 정의가 필요하다. 이렇게 역량을 정의하는 과정을 역량모델링이라 한다. 역량모델링을 위해서는 역량이 무엇을 말하는 것인지에 대한 명확한 개념정의가 필요하며, 정의된 역량의 개념에 비추어 조직에 필요한 역량이 무엇인지 검토하는 과정이 필요하다.

먼저 역량이 무엇인지 살펴보자. 역량에 대한 정의는 많은 학자들과 실무자들이 다양하게 정의를 내린 것들이 존재한다. 그러나 구체적인 wording은 다를 수 있으나 종합하면 유사한 개념으로 정리됨을 알 수 있다.

정리된 정의들을 살펴보면 '업무', '우수', '성공', '특성', '능력' 등 몇 가지 key-word가 추출된다. 이 추출된 단어들을 조합해 보면 '직무 수행 시 지속적으로 좋은 성과를 내는 구성원이 갖고 있는 직무 수행과 관련한 특성' 정도로 개념화 할 수 있다. 즉, 본인의 직무를 수행하면서 지속적으로 고성과를 내는 개인이 갖고 있는 특성을 말하는 것으로 이는 소속된 기업의 특징에 따라 다르고, 같은 기업이라도 직무별로 다르다.

표 2-8 다양한 역량의 개념

정의 주체	역량에 대한 정의
McClelland(1973)	• 전문 지식보다는 직무의 핵심적 성공요소와 연관된 구체적 직무수행능력을 강조
Klemp(1980)	• 업무에서 탁월한 성과를 내는 사람이 지니고 있는 기본적 특성 • 개인의 동기, 성격, 지식, 기술, 능력, 태도, 자기 이미지나 사회적 역할 등이 포함
Boyatzis(1982)	• 역량은 어떤 개인이 어떤 역할을 수행함에 있어 성공적인 결과를 가져 오는 그 개인이 가지고 있는 내재적 특성 • 21개의 유능한 관리자 역량을 도출
McLagan(1982)	• 역량은 직무나 역할의 수행에서 뛰어난 수행자와 관련된 개인의 능력 특성
Corbin(1993)	• 바람직한 목표나 성과를 달성하기 위하여 개인이 알아야 하는 것(What one should know)과 할 수 있어야 하는 것(What one should be able to do)을 포함하는 능력
Spencer&Spencer (1993)	• 역량은 직무나 상황에서 뛰어난 수행이나 준거 관련 효과와 연관된 개인의 특성 • The Competency at Work 286개 역량모델연구, 공통 Competency 추출
Schippmann (1999)	• 역량은 측정가능하고, 업무와 관련되고, 개인의 행동적 특징에 기초한 특성 또는 능력 • 역량을 업무지식역량과 업무의지역량으로 구분
Standard(2001) ICB	• 역량은 개인의 성공에 필요한 지식, 개인적 태도, 기술 및 관련 경험의 그룹(IPMA Competence Baseline)
Rankin(2002)	• 사람들이 자신의 조직에 보여줄 것으로 예상되는 행동 및 기술의 모음
Maaleki, Ali(2018)	• 역량은 일련의 지식, 능력, 기술, 경험 및 행동으로 개인의 활동을 효과적으로 수행하는 것 • 역량은 측정 가능하며 훈련을 통해 개발 될 수 있고, 또한 더 작은 기준으로 나눌 수 있음(The ARZESH Competency Model)

따라서 역량을 정의함에 있어 도출하는 과정은 유사할 수 있으나 개인 차원까지 내려오면 결과물은 각 개인별로 다를 수 있다.

역량이라는 용어를 정의하는 것도 중요하지만, 역량과 유사하게 사용되는 용어들과 구분하는 것도 중요하다. 일상적으로 능력, 적성, 지능, 기술 등 여러 가지 용어가 역량이라는 용어와 혼용되고 있다. 또한 역량항목들을 정하다 보면 이를 역량으로 포함해도 되는지 여부가 모호한 항목들이 존재한다는 점을 알게 될 것이다. 이런 상황에서는 역량의 정의에 비추어 역량으로 표현하는 것이 적절한 항목인지 검토하고, 또한 유사한 용어에 비추어 제외되는 것이 적절한지도 살펴본다면 좀 더 명확한 역량항목 정의가 가능할 것이다.

표 2-9 역량과 유사한 용어

용어	의미
Ability(능력)	• 어떤 행위를 수행할 수 있는 신체능력, 정신능력
Aptitude(적성)	• 특정 분야에 대해 훈련을 통해 숙달될 수 있는 개인의 가능성
Intelligence(지능)	• 개인의 인지능력, 학습능력
Skill(기술)	• 무언가를 만들거나 진행하는데 필요한 구체적인 방법에 대한 지식
Capability(능력)	• 특정 목적과 기준에 합당한 능력(일을 할 수 있는 능력)
Capacity(능력)	• 잠재적 능력(소질, 재능, 자질)

이렇게 정리된 역량항목을 토대로 학자 및 실무자들은 이를 다시 조직 내에서 관리하고 활용할 수 있도록 재분류하여 정리하고 있다. 이렇게 정리된 것이 바로 지식(Knowledge), 기술(skill), 태도(attitude)이다.

또한 적용범위에 따라 횡적으로 구분한다면 전 조직에 공통으로 적용되는 역량인 공통역량, 개별 직군이나 직무별로 적용되는 직무역량으로 구분되고, 적용범위를 종적으로 구분한다면 직급에 따라 구분하거나, 아니면 직책에 따라 부문장, 팀장, 그리고 팀원으로 나누어 정할 수도 있을 것이다. 그리고 이상의 분류로 정리되지 않고 직무수행 시 인적 특성에 따라 개인에게 특별히 요구되는 역량이 있다면 이는 개별역량으로 구분할 수 있다.

이상의 구분은 꼭 모든 것을 숙제하듯 채울 필요는 없으며, 조직특성이나 요구수준에 따라 정리하면 될 것이다. 단순히 역량을 나열식으로 정의하기보다 이렇게 기준을 정하고 구분하여 정의하면 진행도 수월하고, 이후 새로운 제도에 대한 설명을 할 때에도 활용이 용이할 뿐 아니라 도출된 결과물을 보고하는 단계에서도 전문성 있는 인사담당자로 인정받을 수 있는 가능성을 높이게 된다.

표 2-10 역량 정리 양식 예시

	전사공통역량	직무역량	직급역량	개별역량
지식				
기술				
태도				

역량을 정의하기 위해서는 분류표를 작성하여 정리하는 것이 좋다. 예시한 역량 정리 양식과 같이 구성을 위한 양식을 만들었다면 실제로 각 칸에 역량항목을 넣어야 한다. 이를 위해서는 역량모델링의 방식을 활용하는 것을 추천한다.

역량모델링이란 "조직의 목적을 달성하기 위해 특정 직무 또는 유사 직무집단의 성과에 결정적인 영향을 주는 역량을 체계적으로 결정하는 과정" 이라고 정의하고 있다(Gebelein, 1996). 쉽게 설명하면, 우리 기업의 어느 특정부서에 속한 구성원이 고성과를 내기 위해 어떤 항목의 역량을 갖고 있어야 하는지를 정하는 것이며, 이 내용은 다음 섹션에서 정리하고자 한다.

역량모델링 방법으로 역량을 정의하자

역량을 모델링하는 방식은 실무적으로 연역적 방법과 귀납적 방법 두 가지로 접근할 수 있는데, 각각 장단점이 있다. 여러분은 두 가지 중 선호하는 방법을 취사선택해서 사용하면 될 것이다.

기존의 이론서나 실무서적들은 먼저 직무에 대한 파악을 하고, 역량 항목을 설문이나 관찰 등의 방식으로 조사하는 연역적 방법을 주로 설명하고 있다. 물론 직무분석이 인사관리의 출발점임은 인정하지만 그 복잡성으로 인해 중소기업에서는 그리 효율적이지 못한 것으로 치부되기도 한다. 직무분석 자체는 사라지지 않겠지만 그 방법론 측면에서 다른 방식으로 점차 진화하고 있다. 최근 매우 빠른 변화가 이루어지고 있는 트렌드를 반영하여 전략적 인사관리를 설명하는 측에서는, 경직된 모델이면서 시간과 노력이 많이 소요되는 직무분석을 대신하여 역량모델링을 대안으로 제시하고 있다.

중소기업의 현실적인 상황을 고려하여 실무적으로 좀 더 명확하고 간단하게 실시하고자 고안한 방법이 귀납적 방법이다. 즉, 우리 조직에서 그동안 성과를 지속적으로 내고 있는 것으로 인정되는 직원(일 잘하는 직원)이 있을 것이다. 그의 성과들이 우연한 상황이나 환경적 요인에 의한 것이 아닌 개인의 역량에 의해서 창출된 것으로 인정되는 경우로 국한하기로 하자. 그리고 그 임직원이 성과를 낼 때 작용했던 그 사람만의 어떤 특성이 있을 것이다. 중요한 순간에 깊이 있는 판단을 한다거나, 대인관계 기술이 좋다거나, 평소 학습의욕이 높아 이를 통해 통찰을 키웠다거나 하는 것들이 그 예이다. 이렇게 수집된 항목들을 모아서 작성하면 우리 조직에 맞는 역량항목이 도출되는 것이다.

표 2-11 역량모델링 방법

접근법	일반적 방법	간소한 방법
관점	직무분석 → 필요역량 → 정리	고성과자 → 개인특성 → 일반화
내용	조직운영전략에 따라 개인들에게 부여되는 과업을 수행하여 성과를 내기 위해 필요한 역량을 조사	조직에서 그동안 성과를 낸(또는 역량이 있다고 생각되는) 직원이 갖고 있는 특성을 조사
장점	직무에서 출발하므로, 정확한 정의가 가능함	간단하고, 구체적이며, 의사결정자 및 현업 구성원의 동의가 쉬움
단점	조직에 맞지 않는 비현실적이고 지나치게 이상적인 항목으로 정의될 가능성이 있음	조직 내 우수성과자가 소수인 경우 적합한 도출이 곤란하며, 조직의 변화를 지향하는 경우에는 한계가 있음

다른 방식으로 설명하면, 역량모델링은 기업의 각 조직을 직무별로 분류한 후 각 직무별로 필요한 역량을 설정하는 것이다. 특정 직무를 수행하는 직원이 해당 직무에서 필요로 하는 역량을 갖추게 되면 그에 따라 개인의 성과가 향상되고, 조직에 더 많이 기여할 수 있다는 인과관계를 가정한다. 여기서 성과란 해당 직무를 통해 기업의 성과에 기여할 수 있는 것, 즉 핵심성공요인(Critical Success Factor)을 찾는 작업이다. 이 핵심성공요인을 달성하기 위해 어떤 역량이 필요한 것인지를 정하는 것이다.

하지만 역량을 그대로 기술하기만 한다고 적용이 가능한 것은 아니다. 이를 구성원 모두가 알 수 있도록 가시화하는 작업이 필요하며, 여기에 활용되는 것이 역량사전이다. 단순히 'A직무를 수행하는 담당자는 의사결정역량을 가져야 한다'고 표현하는 것만으로 구성원들이 이해하기는 쉽지 않을 것이다. 의사결정역량이 구체적으로 무엇을 말하는 것이지 각자 해석이 다를 여지가 많기 때문이다. 따라서 어떻게 해야 그 역량이 있다고 인정되는지도 명확하지 않다.

역량사전이란 역량모델링을 통해 도출된 역량의 항목과 세부정의를 서술하고, 더 나아가 평가를 위한 수준측정방법 등을 정의하여 제시하는 양식이다. 제도설계의 수준에 따라 기초 수준에서는 인터넷 상에 돌아다니는 역량사전을 사용해도 무방하다. 그러나 어느 정도 성숙된 역량사전을 만들고자 한다면 동종업종 또는 경영자가 준거로 삼고 있는 기업에서 운영하는 역량사전을 벤치마킹하는 것이 좋다. 타사의 사례를 입수하는 것이 어려운 경우에는 유료자료나 별도의 컨설턴트를 통해 자료를 입수한 후 회사의 상황에 맞게 수정하여 사용하는 것을 권한다. 기존 자료 없이 처음부터 만들고자 한다면 노력이 과다하게 소요될 뿐 아니라 노력에 비해 그 완성도는 높지 않을 것이다.

역량을 정의할 때에는 반드시 역량평가와 연결된다는 점을 염두에 두어야 한다. 따라서 처음부터 평가가 용이하도록 내용을 구성해야 하며, 이를 위해 최근의 추세는 평가 대상자의 행동을 기준으로 역량항목의 세부설명을 서술하는 방법을 택하고 있다. 이에 대한 부연 설명은 별도로 제시한 '역량의 특징'을 참고하면 될 것이다.

2008년 국가직 공무원의 인사평가에 역량평가를 도입하면서 각 부처에 가이드로 제공하기 위해 발간한 지침서의 내용 중 발췌한 것이다. 역량의 특징을 외부로 표출된 행위를 기준으로 판단한다는 최근의 트렌드를 반영했다는 점이 특이할 점이다.

역량의 특징[8]

일반적으로 역량의 의미를 '능력'이라는 뜻과 구분하지 않고 사용하지만 엄밀하게는 분명한 차이가 존재한다.

- 역량은 행동이다(Behavior) : 보유한 지식이나 기술(Skill) 그 자체가 아니라 내면의 동기, 가치, 태도 등이 지식이나 기술 등과 결합하여 나타나는 행동이 역량이다. 즉 역량은 보유 능력이 아니라 발휘 능력이자 실천 능력을 의미한다.

- 역량은 성과와 연계된 행동이다(Performance-related) : 본인 의사를 상대에게 논리적으로 전달하는 능력이 매우 뛰어나더라도 그러한 특성이 해당 직무의 성과 창출을 위한 중요한 행동이 아니라면, 일반적인 의미에서는 '의사소통' 능력이 뛰어나다고 할 수 있다. 그렇다고 해당 직무에 적합한 '역량'을 갖추었다고는 할 수 없다.

- 역량은 직무마다 다르고, 동일 직무라도 상황이 바뀌면 요구되는 역량이 다를 수 있다(Job-Specific or Situation-related) : 같은 영업 직무라도 기업마다, 상품마다 경쟁하는 환경이 다르기 때문에 영업사원에게 필요한 역량도 다를 수밖에 없다. 같은 관리자라도 군대 조직의 지휘관, 공공 부문의 관리자, 민간 부문의 관리자에게 요구되는 리더십 특성은 다르게 나타날 수 있다.

- 역량은 행동이기 때문에 관찰이 가능하며(Observable), 그 모습이 높은 수준의 행동인지 아닌지를 판단할 수 있다(Measurable) : 역량은 행동이기 때문에 객관적으로 측정할 수 있고, 그 측정 결과를 피드백 할 수 있다. 따라서 역량은 피드백과 코칭, 자기성찰 등의 방법을 통해 그 수준을 높이거나 수정할 수 있기 때문에 개발 가능한 것이다(Trainable).

---

8   행정안전부, 「과학적 인사관리를 위한 역량평가」, (2008).

역량의 특징으로 언급한 것을 기준으로 평가를 하려면 행동중심의 평가가 이루어져야 한다. 행동을 중심으로 평가를 설계하는 방식에는 크게 두 가지 정도로 크게 분류가 되며, 행위기준평정척도법(BARS)과 행위관찰척도법(BOS)이 그것이다. 양자의 특징을 간략히 설명하면 전자는 행위의 수준으로 평가하는 것이고, 후자는 행위의 빈도로 평가하는 것이다. 그러나 이 책 서두에서 언급한 것과 같이 이 책의 목적은 초기 인사제도 설계를 위한 방법을 논하고자 하는 것이므로, 너무 깊은 수준으로 고민할 필요는 없어 보인다. 우리의 벤치마킹 대상이 되는 역량사전을 보유한 기업은 이미 동일한 고민을 진행한 결과로 해당 역량사전을 만들었을 것이고, 우리는 그 고민의 결과물을 차용하는 것이기 때문이다. 단, 아무 것도 없는 상태에서 새로 인사제도를 만드는 것이 아니고 이미 구축되어 있는 인사제도를 개선하고자 하는 상황이라면, 별도의 학습을 통해 각 평가방식의 특징과 장단점을 이해한 후 진행할 필요가 있을 것이다.

별도로 역량사전의 내용을 예시고 보여주고자 한다. 타사의 사례를 벤치마킹하여 우리 기업의 상황에 맞게 내용을 보완한 것이며, 많은 내용 중 한 가지만을 기재하였다.

역량사전의 내용을 간략히 소개하면 가장 윗부분에는 역량명과 정의를 기재하였다. 역량요소는 3~4가지를 세분화하여 기재하였고, 각각의 행위수준을 1~7수준으로 구분하였다. 가장 아래 부분에는 직급별 기대수준을 기재하면서 동시에 직급별로 특정 수준으로 인정될 경우 점수를 표시하여 평가의 기준을 제시하였다.

그림 2-7 **역량사전 및 이에 따른 평가 예시 - "열정"**

| 열정 Passion | 회사의 미래에 대한 믿음을 바탕으로 회사와 고객을 위하여 맡은 바 업무를 주도적으로 수행하여 본인이 끝까지 책임짐 |

역량요소	Level						
	1수준	2수준	3수준	4수준	5수준	6수준	7수준
주도성(자발성)	2수준 보다 부족함	다른 사람이 일을 시키지 않더라도 필요한 업무는 자발적으로 찾아 수행함	2수준과 4수준의 중간	문제가 발생한 경우, 남이 하겠지 하고 미룰 것이 아니라, 본인이 주도하여 문제를 해결함	4수준과 6수준의 중간	회사 이익을 위해 필요하다고 판단되는 업무추진에 대해서는 관련 의사결정권자를 설득해 적극적으로 동참시킴	6수준보다 초과함
업무몰입		개인적인 사정에 의해 업무를 소홀히 하지 않으며, 결과물에 대해 확신이 서지 않더라도 긍정적으로 업무를 추진함		업무수행의 긴장감을 늦추지 않고 스스로를 자극하며 자신의 능력을 100% 발휘하여 목표를 달성함으로써 성공경험을 축적함		최고 수준의 업무 수행에 대한 강력한 의지를 과정 및 결과로 명확히 표출하고 성공 경험을 다른 분야에 적극 활용함	
로열티		현 상황에서 자신의 본분에 맞게 무엇을 해야 할지를 파악하고 실행함		인기가 없고 말썽의 소지가 있는 결정사항이더라도 회사차원에서 이익이 되는 것이라면 적극적으로 지지함		회사의 발전을 위해 사사로움이 없이 판단하고 행동하며, 조직적 결정을 타인도 지지할 수 있도록 설득하고 참여함	
헌신		외부 인물을 만날 때 자신이 회사의 대표라는 생각을 가지고 품위와 프라이드를 잃지 않으며, 자신의 업무에 최선을 다함		조직의 이익을 개인적인 이해나 자신의 기호, 가정적인 관심사만큼 중요시하며, 개인적인 희생도 감수함		판단의 우선순위를 조직 요구에 맞추며, 회사를 위해서라면 개인적인 헌신뿐 아니라 주변의 적극적인 동참까지도 이끌어 냄	

직급별	1수준	2수준	3수준	4수준	5수준	6수준	7수준
수준 정의	사원 기대 미달	사원 기대수준	대리 기대수준	과장 기대수준	차장 기대수준	부장 기대수준	부장 기대 상회
사원	2	3	4	5			
대리	2	2	3	4	5		
과장	1	2	2	3	4	5	
차장		1	2	2	3	4	5
부장			1	2	2	2	4

Summary ....

2편에서는 직접 인사시스템 자체를 설계하는 것은 아니지만 인사시스템의 설계와 운영에 기초가 되는 사항들을 구축하는 방안을 살펴보았다.

애써 마련한 인사제도들이 사상누각이 되게 하지 않으려면 그 기초가 되는 사항들을 탄탄하게 마련하는 것이 중요하다.

기초를 준비하는 작업을 진행하면 경영자가 갖고 있는 생각과 조직문화를 문자화하여 임직원들에게 가시적으로 보여줌으로써 제도운영을 매우 원활하게 할 수 있는 토대를 마련할 수 있다는 장점이 있다.

아울러 조직운영에 영향을 미치는 저변의 생각들이 정리되는 과정이므로 개별 인사제도를 설계하는데 소요되는 시간을 현저히 단축시킬 수 있다.

본 편에서 마련한 내용을 토대로 다음 편에서는 구체적인 인사제도의 설계에 관한 내용을 설명하도록 하겠다.

03

역량을 확보하기 위한 방법

1장

필요한 역량을 외부에서 확보하는 방법:
채용

── 채용업무의 범위를 이해하자

인사시스템 중, 채용과 관련한 사항을 설계하기 위해서는 채용의 각 단계별 방법론이 도출되어야 한다. 채용은 특정 직무 담당자의 결원이 발생하거나 조직확대를 위해 현재 인원에 추가 채용 수요가 발생된 경우에 진행되는 업무이다. 범위는 지원자를 모집하고, 모집된 인원들 중 적합한 인원을 선발하고, 선발된 인원을 조직 내부의 구성원으로 적응시키는 것까지 포함하는 개념이다.

통상 채용공고를 등록하는 행위로 시작하여 신규입사자를 입사시키는 것으로 채용절차를 마무리 하는 것으로 생각하는 경우가 있다. 하지만 새로 입사한 직원은 기존 직원들에 비하여 각별한 관심과 지원이 필요한 것은 누구나 알고 있을 것이다. 이 시기에 신규입사자에 대한 관리를 해당 인원이 속한 현업부서에만 맡겨 둔다면 신규입사자의 적응여부가 해당부서 리더의 역량에 따라 좌우될 수 있다. 이는 자칫 인사부서의 업무품질 저하를 가져올 수 있다. 따라서 신규입사자의 안정적인 조직적응을 위해서는 인사부서의 개입이 절대적으로 필요하다.

그러나 실제 많은 중소기업에서는 채용 초기 관리가 부족하여 어렵게 채용한 인원이 쉽게 회사를 그만두는 상황들이 발생하기도 한다. 기업 차원에서는 채용에 소요된 시간과 노력이 헛되이 소비되고 다시 채용절차를 진행해야 하므로 비용이 증가하는 문제가 있다. 인사담당자 입장에서는 계속 근무가 가능한 사람을 검증해 내지 못했다는 책임의 문제로 귀결되기도 한다.

실제 현업에서는 채용 후 본인 부서에 배속된 인원에 대해 타부서

(인사부서)에서 개입하는 것을 선호하지 않는 경향이 있다. 하지만 문제가 발생되면 타부서(인사부서)에 책임을 떠넘기려는 상황이 종종 발생된다. 이는 신규 입사자에 대한 관리책임의 주체가 모호하기 때문에 발생되는 것이다.

따라서 채용과 관련한 프로세스 설계는 신규입사자가 조직에 적응을 하고 안정적인 심리적 기반이 만들어지는 시기까지 인사부서의 개입이 필요하다는 것을 전제로 진행되어야 한다. 이를 원활히 하기 위해서는 신규입사자 관리에 인사부서의 개입을 명시적인 제도로 도입하는 것이 유용하다. 이 책에서는 모집/선발 시 선택 가능한 방법들을 기본으로 하되, 조직 적응을 위한 방법까지도 소개하고자 한다.

표 3-1 채용 프로세스 설계 주요 사항 예시

항목	일반채용	능력중심채용	NCS 블라인드 채용
채용대상 결정	당장 필요한 기능/핵심기능, 장기 역량확보 여부에 따라 전문업체 제휴 > 외주용역 > 파견 > 계약직 > 정규직(신입직 > 경력직) 순으로 검토		
채용방식 결정	수시채용, 공채 등		
모집방식 결정	채용공고, 사원추천제나 외부 전문가를 활용하는 헤드헌팅 등		
채용 공고	• 채용직무 내용/요건 기재 • 전형 일정/방법 제시	• 채용 직무의 (세부)내용, 직무요건(KSA) 명시	
서류 전형	• 직무 이외 정보 요구사례 발생 (인적사항, 어학점수, 해외연수 등) • 스펙 중심의 평가 반영	• 최소한의 인적사항과 직무관련 교육사항 / 경험 / 경력 / 자격 요구 • 직무관련 정보만 평가 반영	(편견요소, 직무관련성 낮은 항목 배제)
필기 전형	• 인적성검사 실시 여부 • 직무관련성 있는 내용 구성		
면접 전형	• 면접 질문 구조화/비구조화 • 면접관 훈련	• 직무능력 중심의 구조화된 면접(경험/상황/발표/토론)	
조직 적응	• 신입사원 조직 적응 프로그램(교육/Welcome Kit 제공, 자리 배치 등) • 입사동기 모임, 시기별 간담회 시행 여부 등		

―― 채용계획과 모집방식을 정하자

채용 진행 시 먼저 확정할 사항은 보강이 필요한 기능에 투입할 인원을 어떤 신분으로 확보할 것인가이다. 기업에 필요한 기능들을 담당하는 인원의 확보는 기업의 직접 채용에 의해 구성원으로 확보하거나 단순 외주형태로 확보하는 방법이 있다. 일반적으로 해당 기업의 핵심기능인 경우에는 직접 정규직으로 채용하는 방법이 당연하겠으나, 핵심기능이 아닌 경우에는 다른 방법을 선택함으로써 정규직 채용으로 인한 기업의 부담을 경감할 수 있다. 핵심기능이 아닌 경우의 예를 들면 제조업에서 공장건축을 할 때 필요한 감리사원을 뽑는 등 장기적으로 유지가 필요하지 않은 당장의 문제를 해결하기 위한 채용이거나 경비, 미화원과 같이 내재화하는 것보다 외부 전문업체를 활용하는 것이 더 효과적인 경우가 있다. 이 경우 고려할 수 있는 형태는 외주용역, 업무제휴, 프리랜서 고용, 파견직 활용, 기간계약직 채용 등이다.

중소기업(특히 소기업)은 내부적으로 신입사원을 채용하여 육성할 수 있는 시스템이 부족하다는 이유와 당장의 업무에 활용할 수 있는 직원을 찾아야 한다는 이유로 경력직 채용을 선호하게 된다. 기존 인력의 퇴사로 인한 결원을 보충하는 채용의 경우에는 특히 그 요구가 더 강한 경향이 있다. 그러나 근무조건이 열악한 중소기업의 경우 역량이 있는 것으로 검증된 인재를 경력직으로 채용하는 경우 해당자의 요구조건을 맞추기가 쉽지 않다. 역량이 검증된 인재를 채용하면서 회사 내 기존 재직자들의 처우를 기준으로 근무조건을 제시한다면 전형에 합격하고도 입사를 포기하는 경우가 발생한다. 그렇다고 회사에서 제시할 처우를 미리 공지하고 그에 맞는 직원을 찾는다면 적임자를 찾기가 쉽지 않음은 물론이고, 채용을 한 후에 해당 직원에 대한 만족도가 높지 않은 것도 현실이다.

경력직으로 채용시장에 나왔다는 사실은 두 가지를 설명해 준다. 첫 번째 경우는 현재 소속된 조직에서 핵심인재가 아닌 사람이라는 것이고 두 번째 경우는 이직을 통해 몸값 올리기를 희망한다는 것이다. 물론 예외가 존재하지만 경험에 의하면 우리가 원하는 수준의 경력자들은 위의 두 가지 사유에 대부분 해당이 되었다. 이런 이유로 경력직 채용은 가성비 좋은 인재를 채용할 가능성이 매우 낮다는 결론에 도달하게 한다.

실제로 중소기업에서는 오래 근무한 직원이 더 일을 잘 한다고 인식되는 경우도 매우 많다. 조직문화가 몸에 배어있기 때문이다. 현재 사내 육성시스템이 갖추어져 있지 않더라도 장기적으로 회사의 핵심기능을 담당할 직원은 신입직을 채용해 함께 부대끼며 회사와 함께 성장하게끔 유도하는 것도 유용하다.

최근의 상황을 살펴보면 사회경력이 없는 신입직은 취업이 쉽지 않다. 그러나 경력사항을 제외한 항목들을 비교하면 회사에 지원하는 경력직에 비해 훌륭한 자원이 많다. 따라서 시간을 갖고 기다려줄 수 있다면, 신입직으로 채용된 직원들이 실제 업무수행을 통한 능력 배양과 더 높은 조직충성도를 바탕으로 더 좋은 성과를 내는 것을 종종 볼 수 있을 것이다. 신입 직원들은 직무요건에 대처할 수 있을 만큼 충분하지는 못하기 때문에 조직의 문화에 쉽게 적응하기 어렵지만, 한번 적응하면 순혈주의에 기인한 조직 충성심이 강한 측면도 있다는 것이 특성이다. 그래서 신입직으로 뽑은 직원들은 조직 적응에 특히 많은 관심을 가져야 한다. 또한, 경력직과는 달리 직무 전환

배치 등에 좀 더 유리하고, 장기적인 육성과 조직 문화 개선에 활용이 가능한 장점이 있으며, 청년내일채움공제 등 정부지원을 받을 수도 있다.

그러나 긴급하게 당장 업무의 공백을 메워야 하는 경우도 있기 마련이다. 현재 회사에 필요한 특정 기술이나 기능을 갖추는데 시간이 오래 걸리는 직무이거나 특정 고객사를 상대했던 경험이 있는 영업사원을 채용하는 경우 등을 예로 들 수 있을 것이다. 이 경우에는 당장 필요한 업무 공백을 메우는데 초점을 맞춰야 한다. 이 직무를 위해 채용한 인원을 장기적으로 어떻게 성장시킬 것인가의 문제나 기존 직원들과의 처우상 형평성 문제와 같은 것은 검토 우선순위에서 배제하고 접근하는 것이 필요하다.

표 3-2 **채용대상의 구분 예시**

항목	당장 필요한 기능	핵심기능, 장기 역량확보
확보방식	전문업체 제휴 > 외주용역 > 파견 > 계약직 > 정규직 순으로 검토	정규직으로 채용하되, 경력여부에 따라 신입직 > 경력직 순으로 검토
인재상	정규직에 한하여 인재상 적용	인재상 적용
채용결정	현업 부서장	경영진 + 인사부서
임금	시장임금 적용	내부규정 적용
유지전략	필요 기간에 한하어 유지전략	장기적인 전사차원 육성전략

따라서 채용요청이 접수되면, 채용할 직무와 대상자 Pool의 특성을 고려하여 장기적으로 유지하며 성장시킬 인원에 대한 채용인지, 아니면 당장 필요한 기능의 충족을 위한 채용인지를 판단하고 그에 맞

는 채용전략을 적용할 필요가 있다.

채용계획에서 고려할 그다음 사항은 채용방식이다. 당장 필요한 기능의 충족을 위한 채용이라면 당연히 수시채용을 해야겠지만, 장기적으로 유지하며 성장시킬 인원에 대한 채용이라면 기간을 정해서 공채로 진행하는 것도 유용하다. 특히, 신입직의 채용은 수시채용보다 공채가 더 유리하다. 신입 공채는 대학졸업 대상자 위주로 채용하는 것이 일반적이다. 신입 공채로 채용할 경우에는 절차 및 일정 관리와 지원자 대상의 공지, 안내 및 전형 과정의 전반에서 발생하는 커뮤니케이션에 공을 들여야 한다. 왜냐하면 지원자 개개인이 고객이 될 수도 있고, 취준생 커뮤니티 등을 통해서 기업에 관한 소감 등을 남기게 되면 기업의 평판이 되기 때문이다. 특히, 전형 결과가 좋지 않은 지원자가 다수 발생할 수밖에 없기 때문에 기업에 대한 부정적인 인상을 줄이기 위해서 최대한 친절하고, 절차에 어긋나지 않도록 하는 것이 중요하다. 전형 과정에서 탈락한 경우에도 가급적 공정하고, 친절하다는 이미지를 줄 수 있도록 안내에 최대한 공을 들이고, 개별 연락을 하거나, 받을 경우에도 공손한 태도를 유지하도록 노력하자.

이와 같이 채용계획을 세운 후에는 지원자를 모집하는 절차에 들어가야 한다. 보통은 인사담당자가 스스로 할 수 있는 채용공고 등록을 기본으로 하고 있다. 고용노동부에서 운영하는 워크넷, 채용포털 사이트인 사람인이나 잡코리아와 같은 곳을 흔히 이용한다.

폭을 넓힌다면 직원들의 지인을 채용하는 사원추천제나 외부 전문가를 활용하는 헤드헌팅도 고려할 수 있는 방법이다. 각 방식의 장단점이나 유용성을 확인한 후 각 기업의 사정과 채용대상의 성격에 맞추어 진행하면 된다.

만약 사원추천제를 실행한다면 추천자에 대한 보상을 설계해야 효과적으로 운영된다. 직원으로서 회사를 위해 하는 행위는 당연한 것일 수 있다. 그러나 추천이라는 것은 직무상 필수적인 행위가 아니고 본인의 별도의 수고가 들어가는 상황이다. 단순히 소개로 끝나지 않고 회사와 추천된 지인의 중간에서 추가적인 역할을 해야 하기 때문이다.

모집은 인사제도가 설계되어 있지 않은 회사라도 이미 수행되고 있는 사항이다. 새로운 제도로 도입할 필요가 크지는 않으나 효과적인 방법을 찾아 개선을 진행하는 자세로 접근하는 것이 필요하다. 최근에는 NCS를 활용한 채용도 활발하게 진행되고 있으니, 채용 공고에 NCS를 활용하는 것이 유리하다.

그림 3-1 NCS 블라인드 채용

출처 : NCS 홈페이지

모집 활성화를 위한 Tip - 지원자 유인방법

인사제도를 어떻게 설계할 것인지, 그중 채용방법은 어떻게 정할 것인지 정하는 것은 내부적인 의사결정으로 가능한 것이다. 그러나 그것만으로 적합한 인재들을 선발하여 해당 기업의 전략방향에 맞는 운영을 할 수 있을까? 중소기업에서 확보의 문제가 어떤 방식으로 채용을 할 것인지에 대한 문제제기만으로 해결된다면 편하겠으나, 현실적으로는 보다 근원적인 문제가 있으며, 이를 함께 고민해야 한다. 그래야 모집이 잘 안 된다는 문제에 대한 실제 대안이 될 수 있을 것이다.

중소기업에서 채용을 진행해 본 담당자들은 아래 내용에 공감할 것이다.

취업난이 극심하다는 얘기는 벌써 수 년 전부터 계속 되어 왔으며, 이를 반영하듯이 취업 관련 온라인 카페와 컨설팅까지 취준생들을 대상으로 취업준비를 지원하는 다양한 방법들이 제공되고 있다. 그러나 막상 중소기업 입장에서는 구인난에 시달리고 있는 것이 현실이다. 취준생과 기업의 눈높이가 다른 점이 가장 큰 문제인데, 필자도 여러 취준생들을 만나본 결과, 연봉과 복지, 근무 환경, 회사의 네임벨류 등 선호도가 높은 기업이나 기관은 정해져 있고, 중소기업을 목표로 취업을 준비하는 경우는 흔치 않았다. 그러나 현실적으로 대기업과 공공기관에 취업하기보다 중소기업에 취업할 기회가 훨씬 많다. 결국 중소기업 채용에서 가장 큰 문제는 대기업 선호에 따른 중소기업 기피현상이다. 이로 인해 지원자가 부족하기 때문이다. 여기에는 대기업과 중소기업 간의 근무조건과 운영시스템의 차이가 큰 영향을 미치고 있다. 기왕이면 좋은 시스템을 갖춘 조직에서 높은 임금을 받고 싶은 욕구가 누구에게나 있기 때문이다. 그러나 이런 시스템과 근무조건을 갖추고 있는 중소기업이라고 할지라도 인력난은 유사하며, 이는 그 회사가 좋은 근무조건과 시스템을 갖추고 있다는 것을 지원자들이 잘 알지 못하기 때문이다.

시스템과 근무조건에 관련한 사항도 궁극적으로는 준비를 못한 인사담당자의 책임일 수 있다. 하지만 이것은 기업의 자원과 조직역량이 뒷받침되어야 하는 부분이므로 변명이 가능하다. 그러나 인지도에 관한 사항, 특히 취업준비생이나 이직준비자들에 대한 인지도를 높이는 부분은 전부는 아니더라도 대부분 인사담당자의 역량이라고 볼 수 있다.

인사담당자는 지원자의 눈높이에서 해결책을 찾아야 한다. 지원자가 어떤 방식으로 회사를 선택하고 지원하는지를 찾고, 어디에 기업의 어떤 것을 노출시켜야 하는지 고민해야 한다. 기업이 지원자들에게 자신을 어필할 것을 요구하듯이 역으로 지원자들에게 어필할 수 있는 회사소개와 이를 반영한 채용공고를 준비해야 한다.

또한 온라인상에 떠도는 기업의 평판을 관리하여 지원자들의 조회에 대비해야 하고, 평판에 영향을 미치는 정보는 최신의 양질의 정보가 되도록 관리해야 한다. 그 구체적인 방법은 매우 다양하므로 각자의 상황에 맞추어 진행하되, 온라인상에 떠도는 평판을 관리해야 한다는 사실조차 몰랐던 담당자라면 다른 기업들이 어떻게 하고 있는지 먼저 확인할 필요가 있다.

일단 최근 입사한 직원들을 찾아 채용공고 검색에서 입사지원까지의 과정을 물어보고, 그 과정에서 접했던 회사의 정보들을 확인하고, 그중 좋았던 것과 좋지 않았던 것을 수집해서 분석해야 한다. 그렇게 지원자들이 선호하는 기업의 좋은 정보를 제공하는 것도 중요하다.

하지만 인지도 낮은 기업이 채용하고 싶은 지원자들의 지원을 가만히 기다리는 것은 우연한 행운을 기다리는 것과 같다. 인지도를 높여 서로 적극적으로 찾아 나서야 한다. 기업이 좋은 인재를 채용하고자 하는 것처럼 인재도 좋은 기업을 찾고 있다는 것을 명심해야 한다.

── 지원자 중 채용대상자 선발방법을 알아보자

선발이란 모집을 통해 확보된 지원자들을 대상으로 조직의 구성원이 될 인원을 선별하는 절차이다. 선발에서 있어 중요한 요소는 기업에서 성과를 낼 수 있는 자질과 역량을 보유한 인원을 골라내는 것이다. 일반적으로 중소기업에서 주로 활용하는 방법은 서류전형과 면접전형 정도일 것이다. 현재까지 단순히 서류전형과 면접전형을 통해 채용한 직원들의 만족도가 높다면 현재의 절차를 고수하면 된다. 그러나 아쉬움이 있다면 채용품질 제고를 통한 만족도 향상을 위해 보완하는 제도설계가 필요하다. 여기서는 서류전형과 면접전형 외에 어떤 절차를 보완할 것인지를 검토하고, 서류전형과 면접전형에서 어떤 항목을 파악할 것인지, 면접전형의 방법과 절차는 어떻게 구성하며, 질문은 구조화할 것인지 여부 등을 살펴보도록 하겠다.

채용 선발과 관련한 제도 설계 시 포함해야 하는 사항은 채용전형을 통해 최종 합격자를 결정하는 의사결정의 주체를 정하는 것이다. 여러 기업들의 사례를 보면 모든 의사결정을 최고경영자가 직접 하는 경우도 있고, 각 기능부문은 담당하는 임원이 하거나 팀장급이 하는 경우도 있다. 이는 일률적으로 어떻게 하는 것이 좋다는 정답이 있는 게 아니므로, 해당 기업의 조직문화와 권한위양에 따른 위임전결의 수준, 각 기능부문의 분권화 수준 등에 따라 결정하는 것이 좋다.

표 3-3 인사관리 기능 위임전결규정 예시

분류	업무명	승인권자			합의/참조	비고
		팀장	부문장	대표이사		
1 인사 관리	1) 인력 종합 수급 계획			○		
	2) 신규채용					
	① 정규직(관리직)			○	인사팀장	합의
	② 정규직(현장직)		○			
	③ 계약직(현장직,관리직)		○			
	④ 파견/용역직(현장직)	○				
	⑤ 채용요청(관리직,현장직)		○		인사팀장	합의
	3) 전보(전환보직/전환배치)					
	① 관리직(부문외)			○		
	② 관리직(부문내)		○			
	③ 현장직	○				
	4) 포상, 징계 처리					
	① 정규직(관리직)			○		
	② 정규/계약직(현장직)		○			
	③ 계약직(관리직)		○			
	5) 사직자 처리				인사팀장	합의
	① 정규직(관리직)			○		
	② 정규/계약직(현장직)		○			
	③ 계약직(관리직)			○		
	6) 승격 결정			○		
	7) 인사고과 및 평가					
	① 팀장 이상			○		
	② 팀원(관리직)		○			
	③ 현장직	○				
	8) 급여(연봉)책정					
	① 팀장 이상			○		
	② 팀원(관리직)			○		

기존에 각 기능별 권한위양이 잘 되어 있는 기업에서 실제로 설계했던 사례를 살펴보기로 하겠다. 회사는 마케팅/영업, 개발, 생산, 관리의 4개 부분으로 구성된 직능부제 조직형태를 취하고 있었고, 각 대표이사와 임원진이 각 부분을 관할하고 있는 구조였다. 정규직 직원채용은 무조건 대표이사의 승인을 받아 채용하게끔 위임전결규정에 명시하고, 인사제도도 동일하게 설계하였다. 또한 인사담당 팀장에게는 의견개진을 할 수 있도록 합의권한을 부여하였다. 실질적인 채용의사결정은 각 부분장이 1배수로 선발하여 최종 대표이사 면접에 부의하였고, 대표이사 면접에서는 형식적인 심사만 할 뿐 거절되는 경우가 없었다. 제도 설계 시 채용의 결정을 각 부문장의 전결사항으로 정할 수도 있었으나 대표이사 전결로 정하면서 각 부문장은 채용에 책임과 권한을 갖되, 해당 인원을 채용하고자 하는 사유를 대표이사에게 피력하게 하고 인사팀장도 대표이사에게 의견을 제시하게 하여 전사 채용품질의 균일성을 유지할 수 있었다.

선발을 위해 사용되는 방법은 위에 예로 든 것을 포함하여 특정 기업에서 개발하여 자신들만 사용하는 것도 있을 정도로 다양하다. 각 내용은 웹 등에 많은 정보가 있으므로 찾아서 학습한 후 각 기업에서 필요에 따라 취사선택하거나 혼합하여 설계하면 될 것이다. 여기서는 선택하는 방향에 관한 사항을 설명하겠다.

선발도구의 종류 중 전형 방법에 따른 분류는 통상 기업의 인재선발 절차에 관한 사항으로 일반적으로 서류전형과 면접전형을 기본으로 하고, 여기에 인적성검사나 신체검사 등을 추가하기도 한다.

표 3-4	선발도구의 종류

항목	종류
전형 방법	서류, 면접, 직무시험, 인적성검사, 직무능력검사, 신체검사
전형 요소	인지능력 test, 체력 test, 운동 test, work sample, 평가센터법, 인성검사
면접 유형	구조화 면접, 비구조화 면접, 집단면접, 스트레스면접, 이색적 면접

서류전형은 서면으로 상대를 평가하고, 면접전형은 대면 방식으로 대화를 통해 질문과 답변을 교환하면서 지원자를 평가하는 방법이 일반적이다. 인적성검사는 지원자의 성격특성과 적성을 판단하여 해당 직무에 대한 적합도를 통계적 방법에 의해 사전 예측하는 것이며, 신체검사는 적정한 신체능력을 필요로 하거나 특정 신체 결함이 있는 경우 채용 직무의 원활한 수행이 곤란한 경우 실행되는 것이 일반적이다.

최근 선발도구의 예측타당성을 확보하기 위한 방법으로 AI면접이 개발되어 적용 영역을 넓혀가는 추세이다. 이런 추세에 비추어 직무와의 적합성을 통계적 방법으로 예측할 수 있으면서도 비용이 과다하지 않은 인적성검사의 활용은 검토해 볼만 하다.

전형요소에 따른 분류는 어떤 요소를 평가대상으로 할 것인지에 대한 내용이다. 지원자의 인지능력, 학습능력, 체력, 운동능력, 실무기술 등이 그 대상이다. 채용하고자 하는 직무를 담당하는데 필요한 항목을 그 평가의 요소로 활용하여 최종 합격자의 직무적합도를 높이면서 지원자로 하여금 해당 직무의 정보를 간접적으로 알려주는 역할을 할 수 있다. 또한 다양한 역량을 종합적으로 판단하고자 하는 경우라면 평가센터를 활용하여 진행하는 것도 유용한 방법이다.

표 3-5 **선발도구의 적정성 평가기준**

항목	정의	세부항목
타당성	측정 도구 등이 평가하고자 하는 것을 실제 제대로 평가하고 있는가?	관리기준 타당성 내용 타당성 구성 타당성
신뢰성	측정에 있어 오류가 없고 일관되는가?	상관계수 검사-재검사 신뢰도 내적 일관성 신뢰도
실용성	측정 방식의 경제적 가치가 비용을 초과하는가?	
합법성	선발과정이 법 규정을 준수하고 있는가?	

면접전형은 일반적으로 1차 실무진 면접과 2차 임명권자인 임원 면접으로 이루어진다. 면접단계별 면접관의 역할은 <표 3-6>과 같다.

표 3-6 면접과정별 면접관 역할

단계	면접관 역할
사전 준비	• 면접의 목적, 일시, 형태, 방법, 평가역량/척도 등 확인 • 지원서(자기소개서), 경력기술서 등 숙지 후 질문 개발
면접 준비	• 면접위원 간 역할 배분(예 : 위원장 선정(opening, closing)), 질문 순서/담당 역량 선정
면접 중	• Opening : 지원자 확인 → 인사 → rapport 형성 → 면접 과정 설명 • 진행 중 : 질문하기 → 관찰/기록 → 종료(질문, 최후 발언)
면접 후	• 단독 : 기록검토 → 점수 부여 • 함께 : 평가자 회의 → 최종확정 • 단독 : 평가 확정

의외로 중소기업의 면접관들은 사전에 면접관 훈련을 받지 않은 경우가 많아서, 지원자에게 불쾌감을 주거나 불필요한 오해를 유발하는 경우가 있다. 이에 대비하여 면접관 교육을 실시하거나, 면접관 매뉴얼을 확보해 놓는 것이 필요하다. 면접관 교육은 면접관의 의사소통 스킬과 유의사항을 포함하도록 한다. 또한, 구조화된 면접을 진행한다면 면접 질문과 면접 유형별 매뉴얼도 준비해야 한다.

표 3-7 면접관의 의사소통 스킬

1. 바람직한 질문 방법

유형	내용
개방형 질문	• 어떤 사실 및 생각을 표출하거나, 자신의 감정 및 느낌을 표현할 기회를 제공함 (예) 그 상황에서 무엇이 가장 중요하다고 생각하셨습니까? (O) (예) 시민들이 진정으로 원하는 것이 무엇이라고 생각하셨습니까? (O)
폐쇄형 질문	• '예', '아니오' 등으로 대답할 수 있는 질문으로 면접대상자가 올바르게 이해했는지 확인하기 위해 사용함 (예) 장애요인을 고려해 보았습니까? (O) (예) A안과 B안 중에서 무엇이 더 적합하다고 판단하였습니까? (O)
심층질문 (Probing Question)	• 개방형 질문 후에, 특정 행동 및 생각에 대한 심도 있는 관찰을 위해 추가로 사용하는 질문 (예) 왜 그렇게 판단하였습니까? (O) (예) 어떤 근거를 기준으로 그렇게 결정하였습니까? (O)

2. 바람직하지 않은 질문 방법

단계	면접관 역할
다중 질문	• 여러 내용을 복합적으로 물어 응답자에게 혼란을 줄 수 있는 질문 (예) 제시한 정책의 목적은 무엇이고, 장애요인은 무엇입니까? (x) (예) 문제의 핵심은 무엇입니까? (O)

가설적 질문	• 역량과 무관한 가설적 상황, 특히 대응 불가능하거나 비현실적 가상 상황을 제시하는 질문 (예) 그 상황에서 복권에 당첨되었다면 어떻게 대응할 것입니까? (x) (예) 만약 설득하는 데 실패한다면 어떻게 대응할 것입니까? (O)
심층질문 (Probing Question)	• 면접대상자의 의견에 옳고 그름을 주관적으로 판단하여 표현하는 질문 (예) 벌금을 왜 그렇게 '높게' 책정하였습니까? (x) (예) 벌금을 그렇게 책정한 근거는 무엇 입니까? (O) (예) 혹시, 벌금이 너무 높다고 생각하지는 않습니까? (O)

이외에 바람직하지 않은 면접관 행동으로는 지원자를 존중하지 않거나 무시하는 태도나 말투의 사용, 차별적인 발언(특히, 성별, 출신, 외모 등), 특정인 또는 특정집단을 혐오 또는 비하하는 발언, 지원자의 사생활(특히 가족관계, 부모님 직업, 이성 관계 등)에 관한 질문, 면접 평가요소와 관련 없는 질문(특히 정치 성향, 취미 등), 지원자의 말을 갑자기 끊거나 일방적인 발언 등이 있으며, 이는 면접관 사전 교육을 통해서 피하도록 조치해야 한다.

그럼 효과적인 면접 진행 Skill은 무엇일까? 면접 시작 전에 지원자와 rapport 형성을 통해서 지원자의 긴장감을 완화하고, 심층 질문을 통해서 면접을 주도하며, 무엇보다 지원자의 이야기에 주의를 집중하여 적극적인 경청 자세를 갖는 것이 중요하다. 또한 불필요한 답변을 통제하여 면접의 긴장감을 유지하여 시간을 효율적으로 사용하며, 면접 동안 일관됨을 유지하되, 지나친 긴장감을 유발하는 표정, 태도, 자세, 표현을 삼가는 일관적 자세와 면접 동안 '음', '예',

'네, 잘 알겠습니다.' 와 같은 간단한 반응을 유지하고, 지속적으로 기록하는 것이 중요하다.

구조화 면접은 비구조화 면접에 비해 평가 타당성과 공정성 면에서 우수한데, 질의응답을 통해서 평가하는 구술면접과 과제를 부여한 후, 지원자들이 과제를 수행하는 과정과 결과를 관찰하여 평가하는 시뮬레이션 면접이 대표적인 면접기법이다. 구술면접의 대표적 유형은 경험면접과 상황면접이며, 시뮬레이션 면접의 대표적 유형은 발표면접, 토론면접, 역할연기, 서류함기법 등이 있다.

추가하여, 중소기업에서 활용하기 좋은 워크샘플링에 대해 간략히 소개하고자 한다. 실제 면접장소에서 구술문답만 진행하는 대신 실제 업무에 필요한 지식이나 기술을 시연하게 하는 형태로 활용이 가능하다. 실제 사례를 소개하자면, 전자공학과 출신 신입사원 지원자에게 화이트보드에 회로도를 그려보게 하거나, 기계설계직종 지원자에게 Auto CAD를 사용하여 특정 결과물을 그려보게 하거나, 사무업무 담당자에게 엑셀을 활용하여 특정 결과물을 만들어 내도록 하는 것 등이 그것이다. 면접을 진행하는 팀장은 지원자의 행동을 보면 보유기술의 수준을 바로 알 수 있는 장점이 있다. 이를 통해 "캐드는 얼마나 사용해 보셨어요?", "엑셀 잘 사용하시나요?"와 같은 바보 같은 질문을 하지 않게 하는 효과도 있다.

표 3-8 면접평가표 예시

면 접 평 가 표

지원분야:		지원자 이름:		면접일시:		면접관:

연번	평가구분	가중치	질문 및 평가에 대한 착안점	평가	점수
1	태도/자세		- 복장의 청결함과 단정함, 바른 자세, 말하는 태도, 표정관리		0
2	신뢰성		- 기본적인 평가항목으로 이력서에 기재된 내용의 사실성 여부에 관한 질문(이력서 내용에 관한 질문에 대한 답변으로 일치 여부 확인)		0
3	가치관		- 긍정적인 사고방식, 책임성과 성실함 - 인간관계에 있어서 중요한 덕목		0
4	적극성		- 자기계발에 대한 의욕 정도(어떤 일이든지 자발적으로 나선다) - 지속적인 자기계발 계획		0
5	협동성		- 공동작업 수행능력에 대한 평가(공동작업 수행 경험)		0
			- 단위 조직 간의 이해를 조정하고 결정된 사항을 수용하려는 자세		
6	리더십		- 주어진 업무를 주도적으로 이끌어간다. - 단체생활에서의 참여와 의견교환을 이끌어 내거나 의견수용을 잘 하는지		0
7	세계화/국제화의식		- 국제적인 이슈에 대한 관심도(국외 관련 사이트나 서적 등의 사용 빈도)		0
8	직업관		- 직장에 대한 올바른 가치관 및 직장인으로서의 가장 중요한 덕목 - 이직을 결심한 이유		0
9	경력사항 및 전문성		- 경력에 대한 직무 위주의 질문 - 졸업논문이나 자격을 취득한 분야		0

번호	항목	평가 내용		점수
10	인터넷에 대한 관심과 이해도	- 인터넷 활용 정도 - 인터넷이 개인 또는 사회에 미치는 영향		0
11	회사에 대한 관심과 이해도	- 회사를 접하게 된 동기와 계기 및 인크루트에 대한 지원자의 생각 - 회사에 건의사항이 있다면		0
12	회사 비즈니스에 대한 관심과 이해도	- 회사에 대한 지원자의 생각 - 회사의 비즈니스 모델 및 상품에 대한 질문		0
13	논리적 사고 능력	- 의견제시에 있어서 논리정연하게 설명, 논리에 맞고 일관성 있는 언변 - 주관적/감정적 요소를 배제하고 타당한 논거를 바탕으로 의견제시		0
14	창의력	- 사고방식 또는 관점을 바꿔가면서 다양한 적용을 하고 있는지 - 기존의 내용보다는 독특한 아이디어나 제안이 있는지를 파악		0
15	표현능력	- 자신이 표현하고자 하는 논의의 핵심을 제대로 간결하게 밝혔는지 - 어휘력 및 적적할 용어를 사용하였는지		0
			총점	0

평가기준	탁월	우수	보통	미흡	불가
	5	4	3	2	1

진체평가	필입시지	합격자	합격후보자	수용가능자	입사불가자

의견 :

——— 입사자의 조직적응을 지원하는 방법을 알아보자

일반적으로, 누구나 목표가 주어지면 이를 달성하기 위하여 열심히 노력하게 된다. 하지만 그럴수록 목표를 달성한 이후에 새로운 목표가 주어지지 않으면, 나태해지거나 자만에 빠지는 등 이전과는 다른 모습을 보이곤 한다. 기업에 입사하는 것은 금전적 이유, 자아실현 등 내 인생을 풍요롭고 행복하게 만들기 위한 방편이 되어야 함에도 불구하고 특히, 신입직원의 경우 취업을 준비하는 단계에서는 입사가 너무나 절실하다 보니 종종 이를 잊곤 한다. 한 마디로 근시안적인 목표만을 추종하게 되는 것이다. 그러다 보니, 신입직원의 일부는 취업하면 세상이 다 내 것이 될 것 같고, 출근만 하면 회사 일은 다 자동으로 될 것이라는 착각을 하는 것 같다. 그러나 알다시피 현실에서 입사는 일의 시작이고, 일과 회사 생활을 통해서 나와 회사의 발전을 도모해야 하므로 정말 열심히 일해야 한다.

또한, 열심히 일하고자 입사했다 하더라도 기업 조직이라는 새로운 환경과 낯선 사람들과의 업무 협업은 어려울 수밖에 없다. 통계에 따르면 대졸 신입사원 4명 중 1명은 입사한 지 1년 미만에 회사를 그만두는 것으로 나타났으며, 그중 중소기업의 신입사원 퇴사율은 대기업에 비해서 3배가 넘는 것으로 나타났다.

어렵게 뽑은 신입사원이 1년도 안 되서 나가게 되면 그동안 들인 시간과 비용 및 조직내 심리적 손실은 엄청날 수밖에 없다. 이를 방지하고자 조직사회화 측면의 노력이 필수이다.

조직사회화란 신입사원의 진입충격을 완화하여 조직적응을 돕고, 나아가 빠르게 조직에서의 적극적인 업무활동을 촉진하는 것을 의미하는 용어이다. 풀어서 설명하면 빠른 기간 내에 조직에 적응하여, 기존 재직자와 유사한 수준으로 담당업무를 처리할 수 있도록 하려는 활동이다.

조직사회화를 돕는 많은 프로그램들이 각 기업에서 시행 중이며, <표 3-9>에 열거한 일반적인 사항 외에 별도로 벤치마킹을 하거나 기업별 상황에 맞는 내부 아이디어를 채택하여 사용하는 것도 유용하다. 해당 프로그램 중 어느 하나를 중점적으로 시행할 수도 있으나, 각 단계별로 복수의 제도를 채택하여 운영하는 것이 일반적이다.

표 3-9 조직사회화 프로그램 종류

프로그램	내용
현실적 직무소개	본인이 담당할 직무나 조직문화에 대해 가능한 객관적이고 현실적으로 설명함으로써 과도한 기대를 갖지 않도록 함으로써 조직 진입 시 충격을 최소화시키는 방법이다. 일반적으로 채용전형 단계에서 진행되며, 직무환경이나 직무수행에 관련한 내용을 현실적으로 자각한 후 입사여부를 선택함으로써, 자신이 선택한 업무라는 합리화가 가능하다.
인턴제도	지원자가 조직에 정식 입사하기 전 업무를 경험해봄으로써 정식 입사 시 충격을 최소화하는 방법이다. 단, 최근 인턴제도의 무분별한 사용으로 인하여 지원자들에 대한 인식이 좋지 않을 수 있는 점에 대한 보완은 필요하다.
오리엔테이션	신입사원이 조직생활을 하면서 알아야 할 사항들을 정리하여 알려주는 절차로 모호함을 없애는 데 효과적이다. 입사 직후 오리엔테이션을 통해 회사의 미션과 비전, 핵심공유가치 등에 대한 설명과 조직운영방침, 인사제도 등에 관한 설명을 진행할 수 있는 프로그램이다.
멘토링	조직 내 유능한 선임자를 선정하여, 신입사원에게 공식적, 비공식적 규범에 적응할 수 있는 관계를 설정해 주는 것이다. 오리엔테이션이 공식적 항목에 치우친 반면, 멘토링은 1:1의 관계이므로 객관적 내용에 주관적 내용까지 풍부한 정보의 습득이 가능하다.
수습평가	통상 3개월 내외의 수습기간을 정하여 해당기간 동안 부서장으로 하여금 신규입사자를 관찰한 내용을 평가에 반영하게 하고, 또한 입사 직후 및 평가 시 적어도 2회 이상의 공식적 면담을 진행하게 하여 그 내용을 작성하게 함으로써 소통을 강제할 수 있는 제도이다. 단, 평가목적과 더불어 적응을 돕기 위한 신규입사자, 현입 부서장과 인사부서의 소통을 강화하는 취지가 있음을 공유해야 한다.

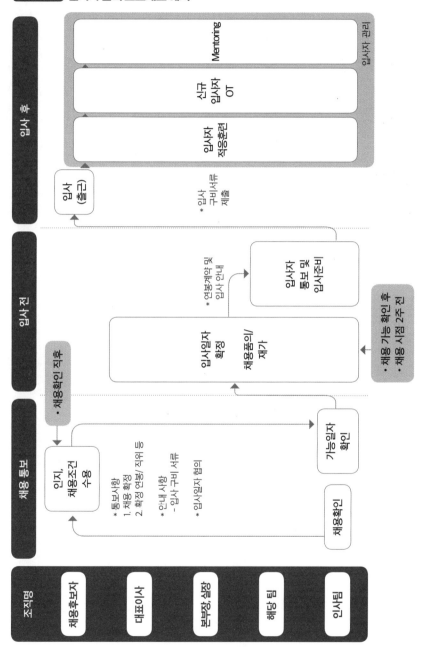

그림 3-2 입사자 관리 프로세스 예시

입사자 관리

| 입사 후 | 입사 전 | 채용통보 | 조직명 |

입사 후:
- 입사자 적응훈련
- 신규 입사자 OT
- Mentoring

입사 (출근)

* 입사 구비서류 제출

입사 전:
- 입사일자 확정 / 채용품의/재가
- 입사자 통보 및 입사준비

* 연봉계약 및 입사 안내

* 채용 가능 확인 후 / 채용 시점 2주 전

• 채용확인 직후

채용통보:
- 인지, 채용조건 수용

* 통보사항
1. 채용확정
2. 확정 연봉/직위 등

* 안내 사항
- 입사 구비서류

* 입사일자 협의

- 가능일자 확인
- 채용확인

조직명:
- 채용후보자
- 대표이사
- 본부장, 실장
- 해당 팀
- 인사팀

2장

필요한 역량을 내부에서 확보하는 방법:
육성

─── 교육훈련의 개념을 명확히 이해하자

육성의 의미를 다양하게 정의할 수 있는데 여기서는 '기업이 주관하여 소속 임직원들이 더 나은 조직 내 업무성과를 도출할 수 있도록 역량을 향상시키기 위해 행하는 일련의 활동' 정도로 정의하고자 한다. 따라서 기업이 주관하지 않는 직원 개인의 자기계발은 해당하지 않겠으나, 만약 구성원들이 스스로 자기계발을 하도록 동기부여하는 활동을 회사 차원에서 실행하고 있다면, 그 동기부여 활동까지 포함하는 것이 적절할 것이다.

이런 활동에는 교육과 훈련을 포함하여 핵심인재관리, 배치/승진/승급 등 이동관리, 인사평가의 활용 등 육성의 목적이 일부라도 있다면 모두 해당된다. 그러나 이 책에서는 서술취지에 맞게 기초적인 인사제도설계에 초점을 맞추어 이 중 교육훈련 제도설계를 중심으로 설명하고자 한다.

먼저 교육훈련을 이해하기 위해 교육과 훈련의 의미를 검토하고, 이와 유사한 개념인 개발의 의미까지 비교해 보기로 하자. 인사담당자들이 함께 논의하고 협조 받아야 할 현업 부서의 리더들은 대부분이 용어들의 차이를 명확히 알지 못한 채 혼용하는 경우가 많다. 이에 따라 교육훈련의 필요성이나 교육훈련계획의 방향을 논의할 때 자칫 서로 다른 얘기를 하고 있는 경우도 있고, 세부 개념의 구분 없이 전체를 놓고 계획하거나 평가하는 오류를 범하기도 한다. 이를 예방하기 위하여 인사제도 설계의 주관자인 인사담당자가 명확하게 이해하고 있을 필요가 있다.

표 3-10 교육, 훈련, 개발의 의미 구분

구분		교육(Education)	훈련(Training)	개발(Development)
차이점	교육 대상	• 지식근로 수행자 또는 관리감독직	• 단순근로 또는 매뉴얼에 의한 근로 수행자	• 의사결정 직책자 또는 해당 직책으로의 육성대상자
	추구 목표	• 대상자의 관점에서 접근하며 개인성장 목표가 중요 • 일반적이고 장기적인 목표	• 조직의 관점에서 접근하며 조직의 단기목표가 중요 • 구체적이고 단기적인 목표	• 경영자 관점에서 접근하며, 관리자 육성이 목표 • 매우 장기적인 목표
	기대 결과	• 학습대상과 목표가 다양하며, 교육별 기대되는 결과가 다르게 나타남	• 특정 직무의 기능 습득을 목표로 하므로 기대되는 결과가 명확함(특정 행동)	• 조직의 변화 및 성장과 조화되도록 능력개발 • 응용력/판단력 등 복합적 능력향상
공통점		• 조직 구성원의 태도 및 행동 변화와 학습에 관계됨 • 학습이론이 적용됨		

교육, 훈련, 개발이 학습을 동반한다는 점에서 유사한 업무로 편재되어 동일한 부서에 직무부여가 된다. 훈련은 현업 실무자를 대상으로 기능의 습득과 발전을 목적으로 하고, 결과물이 '숙련'이라는 점에서 전사차원의 인재육성의 개념과는 거리가 있다. 그러나 기본적인 구축 프로세스가 유사하다는 점을 감안하면, 이를 전체 교육체계에 포함할 것인지 여부는 각 기업의 특성에 따라 판단하는 것이 좋을 듯하다. 만약 회사가 제조업을 영위하며 품질인증을 필요로 하는 기업이라면 대표적 품질규격인 ISO에서 요구하는 매뉴얼에 교육과 훈련을 함께 규정하고 있다. 따라서 인사제도 구축 시 한꺼번에 항

목을 잡아 진행하는 것이 좋을 듯하다. 실제 현장 또는 사무직원의 특정 업무에 대한 숙련도가 조직성과에 영향을 미치는 부분이 많다는 점도 그 이유 중 하나이다. 이후 서술하는 내용에서는 교육과 훈련에 대한 용어의 구분을 하지 않고 기술하도록 하겠다.

── 교육훈련의 체계를 정리하자

과거에는 동일한 직군에 속한 직원들은 같은 성장목표를 갖고 육성되었으므로 같은 틀에서 같은 방식으로 교육을 받고, 동일 잣대의 서열구분에 의한 상대평가로 순위를 매겨 승진/승급, 보상에 활용하였다. 그러나 최근에는 모든 직원들의 개별화가 강조되고 있고 필요한 교육훈련이 다르게 설계되는 추세이다.

같은 직무를 함께 진행하는 직원들이 있다면 해당 직무에 관한 것은 동일하게 진행할 수 있을 것이다. 그러나 같은 직무를 담당하고 있다고 하더라도 해당 직원들이 현재 보유한 역량이 다르고 향후 목표가 다르다면 교육훈련도 다르게 적용되어져야 한다. 그러나 현실적으로 전직원을 모두 다르게 과정설계를 해야 한다면 그 업무의 양이 지나치게 많아지는 것을 감수해야 하므로 중소기업에서는 불가능하다고 보아야 한다. 따라서 기초적인 인사제도 설계 시에는 어느 정도 카테고리를 정할 필요는 있을 것이다.

구체적인 방법으로 유사한 직위/직책 보유에 따라 대상자를 구분하고, 대상자별로 필요한 공통적인 교육을 설계하는 방식이 유용하다. 또한 담당 직무의 유사도에 따라 직군을 설정하고, 해당 직군에 필요한 공통적인 교육을 설계하여 함께 반영하는 것이 좋다. 이렇게 범주를 정하는 것이 불가능한 부분은 과감하게 현업에서 주관하여 진행하는 것이 좋다.

필요한 교육훈련을 정하는 접근방식은 현업의 의견을 청취하여 취합하되, 인사담당자가 주체가 되어 정리해야 한다. 작성 가이드를 아무리 자세하게 전달해도 현업에서는 정제되지 않은 의견으로 제출되는 경우가 많다. 제출된 의견을 살펴보면 각 부서장의 성향이 많이 반영되어 있는 것이 보통이다. 또한 각 현업 부서에서 제출된 의견이 전사적인 밸런스를 감안하여 제출될 것이라는 기대는 할 수가 없다. 구성원들이 문제 있어서가 아니라 지금까지 해보지 않은 것이기에 적정수준에 대한 인식이나 기준을 가질 수 없기 때문이라고 보는 편이 적절하다. 따라서 이 모든 것은 제도를 설계하는 인사담당자의 역할로 보아야 한다. 그러나 매우 거창한 일은 아니다. 가이드를 주고 전체적으로 작성된 내용을 취합한 후 적정 수준으로 각 부서의 계획을 정제하여 피드백하는 과정을 몇 차례 거치고 나면 적절한 제도가 도출될 것이다. 절대 한 번에 원하는 수준의 결과물이 나오지 않을 것이라는 생각을 갖고, 수차례 반복할 각오로 임한다면 작업이 그리 힘들지는 않을 것이다.

사내 교육체계를 입안할 때 가장 쉬운 방법은 역시 시중에 많이 돌아다니는 틀을 이용해 만드는 것이다. 회사들이 전사 교육체계를 설계할 때 일반적으로 따라 만드는 틀이 있다. 이에 따라 어느 정도 교육을 시행하고 있는 개별 회사들의 교육체계도는 대부분 유사하다.

대개의 기업들이 활용하고 있는 일반적인 교육체계도는 직군과 직급에 따른 구분이 되어 있다. 직급체계나 직군체계는 각자 자신들이 사용하는 체계에 맞추어 수정하면 된다.

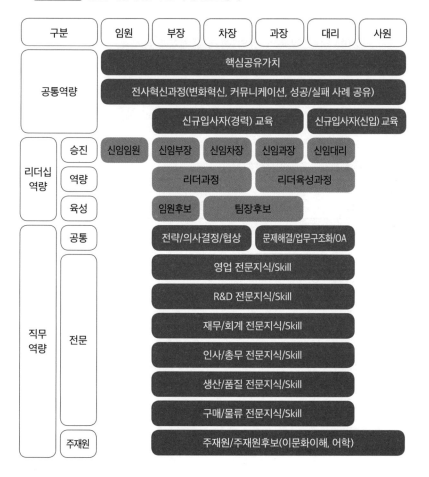

그림 3-3 중견기업 수준의 교육체계도 예시

구분	임원	부장	차장	과장	대리	사원
공통역량	핵심공유가치					
	전사혁신과정(변화혁신, 커뮤니케이션, 성공/실패 사례 공유)					
		신규입사자(경력) 교육			신규입사자(신입) 교육	
리더십 역량 — 승진	신임임원	신임부장	신임차장	신임과장	신임대리	
리더십 역량 — 역량		리더과정		리더육성과정		
리더십 역량 — 육성	임원후보	팀장후보				
직무역량 — 공통	전략/의사결정/협상		문제해결/업무구조화/OA			
직무역량 — 전문	영업 전문지식/Skill					
	R&D 전문지식/Skill					
	재무/회계 전문지식/Skill					
	인사/총무 전문지식/Skill					
	생산/품질 전문지식/Skill					
	구매/물류 전문지식/Skill					
직무역량 — 주재원	주재원/주재원후보(이문화이해, 어학)					

역량개발 과정의 분류는 기본적으로 직군의 구분 없이 누구에게나 적용되는 공통역량에 관한 것과 해당 직무에 맞는 직무역량에 관한 것으로 구분하면 가장 기본적인 분류가 된다. 공통역량을 직급구분에 맞춘 직급별 리더십 역량과 직급구분 없이 반복 시행하는 전사공통역량으로 구분하는 것도 일반적이다. 또한 해당 직군별로 공통적

으로 적용되는 직무역량교육과 개인별로 필요에 따라 시행되는 직무지식교육과 직무기술교육으로 구분할 수 있다. 이 중 인사담당자가 챙겨야 하는 교육의 범위는 개별 직무지식교육과 직무기술교육을 제외한 전체라고 할 수 있다. 개별 직무와 관련한 교육은 해당 직무의 단기 수행능력을 향상시키기 위한 것으로 교육대상자가 소속된 해당 부서의 책임자가 관리해야 하는 항목이다.

표 3-11 **개별교육 기획자료 예시**

교육명		중국어 교육
교육 구분		공통교육 사내교육 선택교육 순환교육
교육 목적		중국 법인 설립 준비 및 운영을 위한 어학능력 향상
교육 목표		• 중국어의 구조를 이해하고 중국고객과 간단한 대화를 할 수 있다. • 중국 출장 및 근무 시 공항, 호텔, 식당 등에서 기초회화를 할 수 있다.
교육 내용		입문 과정: 발음과 성조의 이해, 기초 어휘, 인사, 자기소개
		초급 과정: 주제 및 상황별 회화(대중교통, 공항, 전화, 호텔, 식당 등)
		중급 과정: 미정
교육 대상	직무	중국 법인 관련 업무 담당자, 희망자
	직급	무관
	인원	10명 내외
교육 일정	시간	40시간
	기간	2~3개월
	회차	3회
	일정	1~3월, 5~7월, 9~11월
	장소	대회의실

주관 부서	소속	인사팀
	강사	외부강사초빙
교육 예산	강사료	600만원(강사료 5만원×강의 시간)
	교재비	36만원(1인당 12,000원×10명×3회)
	기타비용	–
	총비용	6,360,000원
교육 평가	평가방법	반응평가, 학습평가
	수료요건	출석률 80% 이상, Test 평균 70점 이상
	자격부여	Level 부여
기타 사항		
첨부 자료		

회사 운영상 필수업무(예를 들면 급여계산과 지급)는 프로세스를 명문화하면 의사결정에 필요한 사항들이 명확해져서 업무에 소요되는 시간을 단축시키는 효과가 있다. 그러나 교육훈련의 경우에는 회사의 운영에 필수적인 업무는 아니다. 따라서 교육체계가 구축됨으로 인하여 인사담당자는 추가 업무를 수행해야 하는 상황에 직면한다. 교육체계가 구축되어 있지 않은 기업들의 경우 현업이나 경영진의 요구에 의하여 직무교육 등이 발생하면 단발성으로 해당 현업부서의 책임으로 진행하게 된다. 인사담당부서에서는 필요한 사항에 대한 지원만 하면 되는 것이다.

그러나 교육체계가 마련되는 시점부터는 각 부서 needs를 확인하는 것을 포함하여 연간일정을 수립하고 지속적으로 운영한 후 기말에 결과를 분석하여 피드백하는 업무까지 해야 하는 부담이 발생된다. 따라서 교육체계를 설계할 경우에는 현재 조직역량을 파악하여 실제 진행 가능한 수준으로 작성되어야 한다. 만약 제도를 설계하는 인사담당자가 보유한 역량의 한계를 초과하는 경우에는 별도의 담당자를 선정하거나 인력충원이 필요하다는 점을 사전에 경영자와 합의해 둘 필요가 있다. 예시로 보여준 수준의 교육체계가 수립되어 있는 기업이라면, 직원 연수를 전문적으로 담당하는 연수원을 보유하여 인적/물적 인프라가 확보되어 있거나, 적어도 전담인원의 확보가 가능한 규모의 기업들이다.

또 한 가지 덧붙이자면, 인사와 관련한 제도는 남들에게 보여주기 좋은 화려한 것이 결코 좋은 것은 아니다. 설계 목적에 맞는 실행이 중요하며, 당연히 실행 가능한 수준의 계획이 수립되는 것이 좋다. 실제 운영이 곤란하더라도 번듯한 외관을 갖춘 교육체계를 마련하는 것이 아무 것도 없는 것보다는 좋지 않느냐는 반론이 있을 수 있다. 하지만 현실적으로 판단해보면 '만들어진 제도이니 운영해 보라'는 경영진의 요구가 있는 경우 회사와 인사담당부서의 비효율이 발생하게 된다. 도저히 취지를 살려 실행될 수 없는 제도의 운영을 위해 시간과 노력을 투입해야 하기 때문이다. 또한 실제로는 운영되지 않는 사문화된 제도라 할지라도 사규에 반영되어 있는 경우에는 업무진행 시 의사결정의 기준이나 업무의 가이드로 작용하는 경우가 발생한다. 중소기업의 품질규격 심사 시 그런 일들이 종종 발생한다. 심사원이 회사의 교육훈련규정을 살피면서 규정에 기재된 절차에 맞추어 진행된 내역을 제시해달라고 하면 담당자는 곤란에 빠진다. 오히려 담당자의 발목을 잡는 경우도 발생한다. 담당자의 입장에서는 신중을 기할 필요가 있는 것이다.

----- 교육훈련의 진행방법을 정하자

교육체계에 의해 누구를 대상으로 어떤 교육을 할지 결정되었다면 그다음은 어떻게 교육을 할지를 정해야 한다.

기업에서 관리하는 역량은 업무성과와 관련한 것이므로, 가장 추천하는 방식은 실제 업무와 연계하여 진행하는 것이다. 교육 시 일상적인 직무능력은 OJT로 진행하고, 리더십역량을 키우기 위해서는 Action Learning 등을 실시하는 것이 유익하다고 알려져 있다. 모두 실제 업무상 발생하는 내용이거나 해결해야 할 과제를 대상으로 직접 수행하고 해결하기 위해 학습과 경험을 늘려 역량을 제고하는 방식이다. 이런 방식의 교육훈련이 성공하기 위한 요인은 적합한 업무와 과제를 부여하고 적절한 사수나 멘토를 배치하는 것이다.

인사제도는 설계보다 실행이 더 중요하다고 계속 강조하고 있다. 하지만 이제 막 인사제도를 설계하는 수준의 조직역량을 보유한 중소기업에서 이와 같은 교육방식이 실행 가능한 것인지에 대한 의문이 조직 내부에 존재할 가능성이 크다. 이는 교육제도설계 자체에 대한 회의감으로 발전할 가능성도 있다. 또한 기업이 무언가 제도를 설계하는 시점은 조직이 성장하는 단계이며 구성원들에게는 처리해야 할 업무가 많은 시기이기도 하다. 이에 따라 피교육생으로의 시간 할애가 쉽지 않을 수 있다. 이런 상황에 비추어 교육을 진행하는 것이 가능한지에 대한 문제가 존재한다는 점은 인지하고, 현실적으로 이를 감안한 제도설계가 필요하다.

제도설계 시 고려할 수 있는 교육훈련 방법에는 현장직무훈련 (OJT), 외부훈련(Off JT), 원격교육 등이 있다. 이 중 현장직무훈련은 인사담당자가 관리할 수 있는 영역은 아니다. 따라서 현업 관리자를 대상으로 실행방법에 대한 교육을 실시하는 정도로 하고, 구체적인 실행을 담보하기 위한 방안은 교육제도 자체보다는 인사평가라는 간접적 압박수단을 활용하는 것이 효과적이다. 이는 교육훈련과 인사평가가 유기적으로 연결되어 있어야 가능하다. 기업 내 모든 인사제도의 개별 기능들은 상호 밀접한 영향을 미치므로 전체적인 밑그림을 먼저 그려야 하는 이유이기도 하다.

그 외 교육제도에서는 Off JT에 대한 내용을 주로 설계하게 된다. 실제 각 기업의 교육체계를 보면 인사담당자가 담당하는 영역은 주로 Off JT가 대상임을 알 수 있다. 이 단계에서 인사담당자가 고민해야할 '어떻게 교육할 것인가'에 관한 내용 중 가장 큰 비중은 교육의 진행주체에 관한 것이다. 이는 주로 강사를 내부에서 선정할 것인지 외부에서 초빙할 것인지에 관한 것이다. 강의기법이나 다른 사항들은 강사가 보유하고 있는 교수법에 의해 결정되는 사항이다.

내부강사 또는 외부강사 어느 한 가지 방법만으로 모든 과정을 설계할 수는 없다. 상황에 맞추어 적절하게 배치할 필요가 있으며, 내부강사와 외부강사의 장단점을 파악하여 배치하는 것이 좋다. 사내강사의 장점이 있음에도 불구하고 중소기업의 특성상 사내강사를 활용하는 것이 쉽지 않다. 그러나 꼭 필요한 항목에 있어서는 외부강사로 해결되지 않는 부분이 있으므로 최소한의 활용은 필요하다.

특히, 기업의 미션이나 비전, 핵심공유가치에 관한 부분에 외부강사를 활용하는 것은 그리 좋은 효과가 나타나지 않는다. 만약 창업자이거나 대주주인 경영자가 Visioning 결과물들에 대한 강의를 하는 경우 자신의 생각을 직접 피력해 주는 것이므로 교육의 효과가 크다. 내용에 대한 설명도 쉽고 질의응답도 매우 원활해지며 특히 피교육생들의 수용도가 매우 좋아진다. 또한 리더십 과정 중 조직이 바라는 리더상과 관련한 부분은 사외강사가 일반적인 조직의 내용을 이야기하는 것보다 리더를 육성하고자 하는 최고경영자나 내부 임원이 직접 기업의 상황에 비추어 설명하는 것이 더 좋다.

표 3-12 사내강사와 사외강사 비교

	사내강사	사외강사
장점	• 사내 실제문제에 해결에 효과적 • 교육생 수준에 대한 이해도 높음 • 강사료가 외부강사에 비해 낮음	• 강사 전문 SKILL(기법)을 보유 • 교육내용의 정리수준이 높음 • 외부자료에 대한 폭넓은 활용 • 강의준비로 인한 현업 손실 적음
단점	• 강사 전문 SKILL(기법)을 미보유 • 강의 준비/진행 시 업무 지장 • 강제 차출 시 열의 부족 • 교육생의 신뢰도 저하 (비전문가라는 인식)	• 강사의 전문성 등 확신 부족 • 강사료가 사내강사 대비 높음 • 내부상황 및 교육생 파악 불가 • 임의적인 시간조정이 곤란

🔊 사내강사 운영 시 유의점

사내강사나 사외강사를 운영하는데 있어 필요한 사항은 이 책을 쓰는 목적에 비추어 지나치게 깊이 들어가는 사항이므로 자세히 설명하기에는 적절하지 않다. 그러나 대부분 회사가 사외강사 운영에는 큰 문제가 없으나 사내강사 운영에 있어서는 우를 범하는 경우가 많아 이것만은 당부하고자 한다.

• 사내강사는 인사부서 추천 및 최고경영자 승인으로 선발
• 사내강사의 강의준비에 필요한 시간확보를 위해 업무조정 필수
• 사내강사의 추가적인 수고에 대한 금전적 보상 필수
• 사내강사 선정직원은 인사평가 시 명시적인 가점부여 필요

직원들 중 사내강사를 선임해야 하는 상황이 되면, 역량이 우수하고 어느 정도 해당분야에서 전문성을 갖고 있다고 판단된 직원이 물망에 오르게 된다. 그렇다면 해당되는 직원들은 굳이 확인해보지 않아도 중소기업의 특성상 많은 업무가 몰려 있을 가능성이 크다. 만약 사내강사 역할을 부여하면서 기존 업무를 조정해 주지 않는다면 과중한 업무부하로 인한 사기저하가 발생될 것이다. 결국 양질의 교육으로 이어지지 못할 가능성이 높아지는 것이다.

또한 회사에서 특정 부서에 부서장에게 소속인원 중 강사를 선정하도록 일임한다면, 소속직원 중 상대적으로 업무부하가 작은 직원을 선정할 가능성이 높다. 앞서 얘기한 것과 같은 맥락으로 볼 때 현재 업무부하가 크지 않은 직원이라면 높은 역량을 보유한 인재가 아니라는 얘기다. 사내강사를 회사 차원에서 직접 선정해야 하는 이유가 여기에 있다.

마지막으로 사내강사 선정에 최고경영자가 깊게 관여하지 않는다면, 원 소속부서의 업무량에 따라 사내강사 역할에 충실하지 못할 가능성도 높고, 현업 부서장의 요구에 따라 교체될 가능성도 배제할 수 없다. 중소기업의 인사담당부서는 지원부서 역할이 강조되어, 업무상 사유에 의한 현업의 요청에 단호할 수가 없기 때문이다.

이렇게 선정된 사내강사가 교육목적 달성을 위해 충실히 준비할 수 있게 하려면 추가적인 책임감을 심어주고, 기꺼이 수고를 감수할 명분을 주어야 하는데, 그것이 바로 금전적 보상과 인사평가(특히 역량평가) 반영이다. 수고에 대한 보상과 우수인재라는 확신을 심어준다면 회사의 핵심인재로 성장하는데 큰 동기부여가 될 것이다.

⎯⎯ 교육훈련의 중요성을 인식시키자

경험상 인사제도를 설계한 후 가장 실행이 안 되는 부분이 바로 교육에 관한 사항이었다. 따라서 다른 기능들은 내용을 정리해서 보고하는 형식으로 진행해도 제도설계로서 어느 정도 의미부여가 가능하지만, 교육의 경우에는 그 실행가능성을 확보하기 위하여 다른 기능들보다 조금 더 신경을 써야 한다고 말하고 싶다.

대부분의 회사는 1년에 한번 이상 임금을 조정하기 때문에 임금조정 방식과 인센티브를 포함한 보상에 관한 부분은 일부라도 실행을 하게 된다. 보상액을 정하는 기준을 대부분 평가제도로 설정하기 때문에 평가도 형식적이나마 진행을 하게 된다. 조직이 성장하지 않더라도 결원은 늘 발생하기 때문에 채용에 관한 부분은 진행이 된다. 업무를 진행하면서 발생되는 구성원들의 많은 요구사항과 요구가 없더라도 직원들을 유지하기 위해 자사 전략 및 타사 벤치마킹을 통해 유지전략이 실행된다. 이와 같이 인사제도는 그 구체적인 전략구상이나 설계를 하지 않더라도 기업의 운영상 수행되는 기능들이 존재한다. 그러나 교육은 성희롱예방교육이나 장애인인식개선교육과 같은 법정 필수교육을 제외하고는 당장 긴박하게 진행되는 경우가 없다. 한국의 중소기업처럼 부족한 인원으로 항상 쫓기듯 일하는 조직에서 교육을 위해 직원의 공수를 현업에서 빼기도 어렵지만, 미래를 위한 투자라는 인식보다 당장 효과를 입증하기 어렵다는 점에서 비용으로 인식되는 경우가 많기 때문이다.

위와 같은 이유로 교육제도를 설계하고 실행하기에 앞서 교육의 필요성에 대한 논의가 사전에 진행되어야 한다. '교육을 해야 하는가?'라는 원론적인 질문에 대해 내가 아는 모든 경영자들은 누구나 그 필요성이 있다고 답을 했다. 그러나 현업에서는 당장 현업에 적용 가능한 직무지식이나 스킬 교육 외에는 거부감이 존재했다. 이런 부분에서 경영자가 소극적으로 대처하다 보면 늘 진행이 원활하지 않음을 경험했었다. 소속 직원을 교육에 참여시키는 현업 부서장의 입장에서는 부족한 인적자원으로 인하여 직원 1명이 빠지면 당장 다른 인원이 대체해야 하는 상황이 발생하는데, 이런 상황을 만들지 않으려고 하는 경향이 있었다.

실제 직원들과 면담을 해보면 중소기업의 특성상 본인이 진행하는 업무가 특정 상황에 몰리는 경우가 있어 교육 참석 자체가 불가능한 상황도 존재하지만, 실제로는 심리적 부담감으로 인하여 교육 참석을 꺼리는 경우가 많았다. 나름 부서장과 동료들의 배려에 의해 교육에 참석한 상황에서 해당 교육의 효과를 스스로 입증해야 하는 부담감이 있기 때문이었다. 이런 상황의 궁극적 해결책은 육성과 자발적 자기계발이 당연하게 여겨지는 조직문화를 만드는 것이다. 하지만 단기적으로 가장 효과적인 방법이 강제 교육이라고 할 수 있다. 이 때문에 교육은 현업부서에 맡겨두기보다는 교육을 주관하는 부서 또는 담당자를 지정하고, 최고경영자의 지원 하에 강제적으로 실시하는 방향으로 진행되어야 대상자들이 심리적 부담 없이 적극적으로 참여가 가능해진다.

기업의 장기적인 성장과 발전은 구성원에 대한 육성 없이는 곤란하다는 점을 최고경영자 또는 인사부서의 임원인 의사결정자가 공감하여야 한다. 이를 가장 명확하게 할 수 있는 방법은 Visioning의 결과물인 조직운영전략에 기재하고 공유하는 것이다. 기업 비전의 실현을 위해서는 어떻게든 내부인원의 성장이 필요하고, 실제 어떤 내용들에 대한 교육이 지속적으로 이루어져야 하는지를 공유한다면 교육 필요성에 대한 인식은 자연스럽게 이루어질 것이다.

전체적인 비전과 핵심공유가치를 토대로 한 조직운영전략을 실현하기 위한 도구로 교육의 필수 불가결성을 연계하여 설명하고, 이에 대한 최고경영자 및 실제 운영에 많은 영향을 끼치는 부문별 임원 및 각 팀장들의 의자와 지원을 이끌어 내야 구체적인 실행이 가능할 것이다. 즉, 교육체계를 그리는 것보다 필요성 공유를 더 중요한 인사담당자의 역할로 인식해야 한다.

교육훈련을 실행했다고 해서 당장 조직성과에 유익한 영향을 미치는 것은 아니다. 그러나 장기적으로 조직에 꼭 필요한 것이라는 인식이 공유된다면, 조직 내 업무들 중 우선순위를 배정받을 수 있을 것이다.

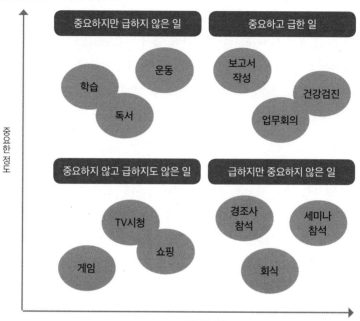

그림 3-4 일의 우선순위

중요하지만 급하지 않은 일

운동
학습
독서

중요하고 급한 일

보고서 작성
건강검진
업무회의

중요하지 않고 급하지도 않은 일

TV시청
쇼핑
게임

급하지만 중요하지 않은 일

경조사 참석
세미나 참석
회식

중요한 정도

시급한 정도

미국의 전쟁영웅이자 제34대 대통령을 지낸 드와이트 아이젠하워는 일의 우선순위 정하는 방법을 강조하였다. 긴급성과 중요성을 기준으로 개인의 활동들을 4분면으로 나누어 구분한 것이다. 기업에서의 교육은 이 중 '중요하지만 급하지 않은 일'에 해당하는 것이다. 아이젠하워가 강조한 것은 "급하지만 중요하지 않은 일"보다 "중요하지만 급하지 않은 일"에 우선순위를 부여해야 한다는 것이다.

사람들이 중요성을 간과하고 당장 눈앞의 급한 일을 우선하는 오류를 범하는 이유는 중요성에 대한 가치판단 기준이 명확하지 않기 때문이다. 앞서 기술한 조직운영전략과 핵심공유가치를 명확히 한다면 이를 통해 중요성을 판단하는 기준을 인식할 수 있게 된다. 이것이 바로 개별 인사제도를 설계함에 있어 Visioning 작업을 먼저 진행해야 하는 이유이다. 조직의 비전에 맞추어 목표를 세우고 조직운영전략을 도출하며, 전략을 실행할 수 있게 하는 방향으로 제도를 설계하면서 전체적인 Align을 해야 한다는 것이다.

실제 필자가 재직했던 회사에서는 최고경영자가 교육에 대해 대단한 열의를 갖고 있었고, 이를 실행하기 위한 많은 아이디어도 제공하였다. 회사의 비전과 사업전략, 조직운영방침, 그 실행을 위한 핵심공유가치에 관한 교육을 진행하면서 중요한 사항은 최고경영자가 직접 강의를 진행하였다. 최고경영자가 관심을 갖고 직접 아이디어를 제공해 교육을 겸한 행사를 계획하고, 직접 강의를 진행하게끔 하고, 직접 참석하여 강의까지 진행함으로써 현업 구성원들의 예외 없는 참석이 이루어졌다. 또한 이런 행사를 진행하는 과정에서 현재 현안에 대한 구성원들의 집단적 의견을 청취하기도 하였고, 구성원들은 이를 통해 자연스러운 경영 참여와 의사결정 시 필요한 핵심가치에 대한 체득도 할 수 있었다.

이와 같이 집단적 사내교육이 원활하게 진행되었음에 반하여 개인별 직무교육의 실행 결과는 양적인 측면에서 부서별 편차가 매우 심하였다. 특히 생산직을 포함하여 제조현장에서 근무하는 관리직 직원들도 개인별 교육이력은 매우 초라하였다. 주어진 물량을 확보하기 위해 잦은 야근과 철야를 반복적으로 해야만 하는 업무환경에서 다른 직군의 직원들과 대등한 수준의 교육실적을 확보한다는 것은 쉽지 않은 일이었다. 이를 개선하기 위해 생산부서의 부서장들과의 정기 협의체를 구성하여 교육을 진행할 수 있는 여건을 마련하기 위한 고민을 지속적으로 진행하며 해결점을 찾았다. 개인에게 맡겨둔 교육수강의 책임을 부서장 차원으로 상승시켜 공통적으로 개설 가능한 과정을 외부강사를 활용해 개설하였고, 교육 참여 시 가점을 부여하는 등 다양한 아이디어들을 적용하였다 개별 실행안들의 효과를 정확하게 측정할 수는 없지만, 적어도 자기계발은 필요하다는 인식을 심어주는 성과는 있었다. 이를 통해 회사가 적극적으로 지원하고 있다는 인식들을 심어주면서 자연스레 조직문화로 승화시킬 수 있는 계기가 된 것은 부인할 수 없다.

설계된 제도를 실행하기 위해서는 최고경영자의 의지가 가장 중요한 성공요인임에는 이견이 없다. 하지만 중소기업이 갖고 있는 현실적인 제약을 뛰어넘어 결과를 도출하기 위한 대안에 대한 고민은 각 기업의 상황에 맞추어 계속 진행되어야 한다. 역시 가장 중요한 것은 지속적 실행임을 다시 한번 강조하고자 한다.

─── 교육효과를 측정하는 방법을 알아보자

교육제도를 구축하고 실행하였다면, 과연 교육이 효과적으로 이루어진 것인지 여부를 확인해 보고자 하는 욕구가 생길 것이다. 인사담당자 자신도 그렇겠지만 교육훈련에 투자한 경영자의 궁금증도 있을 수 있다. 또한 단순한 궁금증을 해소하기 위한 차원을 넘어 향후 지속적인 교육을 진행하기 위한 명분을 찾고자 하는 목적도 있다. 과연 교육의 효과 검증을 어떻게 할 것인가에 대한 문제 또한 사전에 준비가 필요한 사항임에는 분명하다.

1980년대 GE의 잭웰치 회장은 GE 인재육성의 산실이라 불리는 크로톤빌 연수원 재건공사에 드는 비용 4,600만불 지출안에 서명하면서, 회수기간 항목에 'Infinite'(무한) 이라고 기재했다고 한다. 또한 재임 중 한 달에 한두 번은 본사에서 크로톤빌 연수원까지 헬기로 이동하는 수고를 마다하지 않고 직접 방문하여 직원들에 대한 강의와 토론을 했다고 한다. 인재육성에 대한 ROI 개념의 접근은 필요하지 않다고 얘기한 자신의 경영이념에 걸맞은 행동이면서 동시에 교육효과의 측정에 목을 매는 이들의 주장에 대한 반론이기도 하다.

그러나 교육을 무한대로 실시하며 그에 대한 평가를 할 필요가 전혀 없다는 얘기를 하고자 하는 것은 아니다. 실무적으로 무언가 시행했으면 재무적인 회수는 아니더라도 결과에 대한 검토는 필요하다. 일단 양적으로 교육 이수시간을 늘리는 것이 첫 번째 목표일 수 있으나, 양적인 성장만으로는 실제 경영성과에 영향을 미치지 못한다는 점은 명확하다. 따라서 초기에 양적인 성장을 목표로 진행하더라도 이에 대한 목표달성이 어느 정도 이루어진 후에는 질적인 부분에 대한 평가욕구가 발생될 수밖에 없을 것이다. 이런 분석이 필요한 시점이 도래하기 전에 담당자가 준비를 한다면 유연하고 노련한 대응이 가능할 것이다. 이를 위하여 Kirk patrick의 4단계 평가모형을 소개하고자 한다.

표 3-13 Kirk Patrick의 4단계 평가모형 응용

측정 수준		내 용	평가내용	평가방법
1단계	반응평가	교육과정에 대한 학습자의 만족도	교육자체	교육설문
2단계	학습평가	교육내용에 대한 학습자의 이해도	학습수준	교육과정 시험
3단계	행동평기	교육 이수 후 학습자의 행동 변화	업무적용	인터뷰, 관칠
4단계	성과평가	교육 이수 후 학습자의 업무 성과	업무성과	횡적/종적 분석

Kirk Patrick에 의하면, 가장 기초적인 평가는 해당 교육과정이 피교육자들에게 얼마나 만족스럽게 받아들여졌는가에 대한 것이다. 우리가 사외교육을 받을 때 많이 했던 교육평가 설문이 이에 해당한다. 그보다 높은 수준으로는 교육 후 학습자가 얼마나 더 알게 되었는가를 측정하는 것이다. 이것은 교육 후 해당 내용으로 시험을 보는 것으로 측정 가능하다.

최근 플랫폼 형태의 온라인 교육업체들을 활용하면 1단계, 2단계 평가를 어렵지 않게 실시할 수 있다. 플랫폼 형태의 교육업체들은 공급을 위한 강의 콘텐츠를 확보하고, 수요자인 제휴기업을 확보하여 이를 연결해 주는 방식으로 비즈니스 모델을 구성한다. 이들은 제휴기업을 위한 웹사이트를 개설해 주는 방식의 영업을 한다. 해당 웹사이트에서 제휴기업의 직원이 온라인 교육을 이수하게 되면 완료설문을 제출해야 수강 완료가 되게끔 설계되어 있으며, 완료설문은 강사, 교육환경, 내용 등에 대한 만족도 평가를 포함하고 있다. 이를 통해 기업의 교육담당자는 손쉽게 반응평가를 확인할 수 있다. 또한 온라인 과정 중 대다수의 고용보험 환급과정은 교육 후 test를 통해 학습자의 성적을 평가하여 일정 수준의 점수에 도달해야 수료 인정을 해주고 있다. 여기까지 진행된 사항들은 보고서 형태로 인사담당자가 열람할 수 있도록 전달하며, 이렇게 전달된 결과보고를 정리하여 경영진에 대한 보고진행도 할 수 있다. 필요에 따라 내용에 대한 설명 위주의 교육이 필요하다면, 온라인교육업체 제휴 형식을 포함하여 교육체계를 설계하는 것도 이런 측면에서는 유용할 수 있으니 참고하기 바란다.

그러나 3단계와 4단계는 외부 교육기관을 통해서는 그 평가의 진행이 불가하며, 조직 내부의 평가시스템을 통해 진행이 가능한 부분이다. 행동평가나 성과평가가 이루어지기 위해서는 평가의 대상이 되는 교육 이외에 모든 조건이 동일해야 한다는 전제가 필요하다. 그러나 실제 교육 진행과 평가 시점 사이에 일정 기간의 간격이 발생하며, 행동이나 성과에 영향을 미치는 요인은 여러 가지이므로 이를 해당 교육의 평가로 인정하기 어렵다는 단점이 있다. 또한 제도가 처음부터 너무 복잡해져 실행단계에서 문제가 발생할 수 있다. 가급적이면 단순하게 설계하는 것이 실행에도 유리하고 구성원들의 수용성도 높일 수 있는 방법이다.

── 교육과 인사평가를 연결하자

기업에서 직원을 교육시키는 이유는 조직의 인재상에 맞는 인재를 양성한다는 목적과 교육을 받는 직원이 직무에서 성과를 내기 위한 역량과 전문성을 갖게 하기 위한 것이다. 구성원의 입장에서 조직에서 시행하는 교육에 기꺼이 참여하는 이유는 궁극적으로 고용가능성(employability)을 강화하기 위해서라고 볼 수 있다. 고용가능성이란 다른 기업으로의 이직 가능성을 높이는 것으로 해석될 수도 있지만 현재 소속된 기업에 의한 고용이 지속성을 갖게 되는 것도 의미한다. 즉 교육을 통해 자신의 역량을 성장시켜 본인의 상품가치를 높이는 과정이라고 해석할 수 있다. 이는 구성원 개인에게는 고용에 대한 안정감을 높이는 작용을 한다. 혹시 소속된 기업이 사라지거나 소속기업과의 고용계약이 단절되는 경우 대체 기업을 선택할 수 있는 기회를 보장해 주는 도구인 것이다.

이런 의미로 볼 때 교육을 통해 성장된 개인의 역량은 평가를 통해 보상으로 이어져야 한다. 성장된 역량에 대한 적절한 보상이 이루어지지 않으면 구성원이 이직을 결심하는 원인으로 이어질 수 있다. 인사제도 설계 개요도에서 보이는 것과 같이 교육을 통해 역량이 성장하면 역량평가를 통해 역량에 대한 보상까지 이어지도록 제도 설계가 체계적으로 이루어져야 한다는 의미이다. 이런 보상이 다시 구성원으로 하여금 교육을 기꺼이 수행하게 하는 동기가 되는 것이다. 만약 교육을 통해 성장한 역량을 보상하지 않는 경우에는 불공정을 인식하게 되고 '이탈'이라는 불공정 해소 행동을 하는 결과로 이어진다는 것이다. 더욱이 교육을 통해 높아진 고용가능성으로 인해 이직의 성공가능성이 높아진 상황이라는 점은 이탈을 쉽게 할 수 있는 원동력으로 작용할 수도 있다.

참고자료: 중소기업 직원교육에 활용 가능한 지원제도

중소기업에서 교육제도를 설계하면서 항상 고민이었던 부분이 교육비에 관한 것이었다. 경영자가 교육에 대해 보수적이지 않은 마인드를 갖고 있다고 할지라도, 비용문제로 인해 실제 구성원들이 교육신청을 꺼리는 경향이 발생한다. 교육의 결과로 바로 성과를 내거나 역량이 향상된 것을 보여줄 방법은 없는데, 회사에서 지급된 교육비로 인하여 관심의 대상이 될 것이라는 부담이 있기 때문이다. 중소기업의 교육비 부담을 줄여주기 위한 정부정책들이 마련되어 있어 이를 활용한다면 좀 더 충실한 제도설계가 가능하다. 필자가 실제 활용한 제도 몇 가지를 소개하고자 한다.

구분	내용	비고
계약학과 (학위과정)	중소기업계약학과 - 중소벤처기업부 계약학과(일학습병행제) - 고용노동부 계약학과(재직자 학위과정) - 지방자치단체	각 기관 홈페이지
무료과정	중소기업 핵심직무능력향상 (한국산업인력공단)	상공회의소, 생산성본부 등
사이버과정	휴넷 등 원격교육기관	기업 연계사이트 구축
기타	K-MOOC 등	

중소기업계약학과(중소벤처기업부) 사업개요

(목적)
선취업-후진학 기반 구축을 통한 일학습 병행 문화 확산을 통해 중소기업에 인력유입 촉진 및 인재 양성, 장기재직 유도

(운영방식)
대학, 기업 및 근로자가 계약체결 후 대학은 기업이 요구하는 학위과정을 운영하고, 학생은 일정기간 의무근무

중소기업 핵심직무능력향상 지원사업 개요(고용노동부)

(목적)

중소기업 근로자에게 유용한 양질의 훈련과정을 선정, 제공함으로써 중소기업 근로자의 HRD 역량제고를 통한 중소기업의 경쟁력 강화 및 인적자원개발 투자확대 유도

(지원내용)

- 훈련비를 훈련기관에 직접 지원(1인당 훈련비는 심사위원회에서 시간당 30,000원 범위 내에서 결정)

- 일부과정의 경우는 자부담 운영(사업주 부담을 원칙으로 하되 근로자도 부담 가능)

K-MOOC 소개글

무크(MOOC)란 Massive, Open, Online, Course의 줄임말로 오픈형 온라인 학습 과정을 뜻합니다.

이것은 강의실에 수용된 학생만이 강의를 들을 수 있었던 것에서 청강만 가능한 온라인 학습동영상으로 변화하고 현재는 질의응답, 토론, 퀴즈, 과제 제출 등 양방향 학습을 할 수 있는 모습으로 완성되었습니다.

고등교육의 개방이라는 세계적 흐름에 발맞춰 시작된 K-MOOC는 최고 수준의 강의 공개를 통한 대학 수업의 혁신과 고등교육의 실질적 기회 균형 실현, 그리고 고등교육에 대한 평생학습 기반 조성을 목표로 합니다.

또한 국내 우수한 명품 강의 콘텐츠를 개발하여 글로벌한 브랜드로써 거듭나기 위해 노력하겠습니다.

Summary ···

3편에서는 Visioning을 통해 확인한 인재상을 기준으로 어떻게 조직의 역량을 확보할 것인지에 대한 내용을 설명하였다. HR 관점에서 바라보았기에 역량은 구성원 개인들의 역량을 기준으로 판단하였다.

간단하게 채용과 교육훈련으로 구분하였지만, 여기에 설명하지 못한 다양한 방식들도 존재한다.

확보된 역량은 인재라고 부를 수 있다. 확보된 인재가 보유한 역량을 발휘할 수 있도록 동기부여해야 조직에서는 성과가 창출된다. 동기부여의 관점에서 판단해야 하는 것이 바로 평가와 보상이다.

다음 편에서는 평가와 함께 보상과 연계하는 내용에 대하여 인사제도 구축 시 필요한 내용을 설명하고자 한다.

04

평가하고 보상하는
방법

1장

인사평가제도 설계하기

—— 평가/보상제도의 접근은 조심스럽게 하자

인사시스템을 설계한다는 것은 넓은 의미에서는 임직원을 관리하는 전체적인 프로세스를 만드는 것을 의미한다. 그러나 현실적으로 소기업의 경우에는 평가와 보상제도만을 만들더라도 어느 정도 시스템이 만들어졌다고 인정되는 경우가 있는데, 그 이유는 인사제도들 중 가장 핵심적인 부분이기 때문이다.

필자가 상장기업에서 수도권 산업단지에 위치한 중소기업(정확히는 '소기업'이라 부르는 것이 적정함)으로 자리를 옮겼을 당시 그 기업은 이제 막 연매출 100억원을 넘기면서 조직 확장을 시도하던 시점이었다. 필자가 입사하기 전 인사제도라고 할 만한 것들이 없었으며, 회계프로그램 운영에 맞추어 필요한 수준의 관리만이 진행되고 있었다.

이 회사에서 준비하고 실행한 제도들을 순서대로 나열하면, 처음 직원명부를 만들고, 이를 위하여 사번 부여 작업을 진행하였다. 그리고 기성품으로 출시되어 있는 인사급여 프로그램을 도입하였고, 임금 테이블을 작성하였다. 이전까지의 임금 책정은 매년 1월 최고경영자가 개별적으로 정해주는 방식으로 진행되었다. 필자는 최고경영자와의 면담을 통해 임금 책정 시 어떤 부분을 고려하는지를 파악하여 정리하였다. 즉, 경영자의 암묵지를 형식지로 변환하는 작업을 진행하였고 이 과정에서 1차적인 임금과 관련한 현재의 As-is를 파악할 수 있었다.

평가제도는 별도로 도입하지 않았다. 그 이유는 조직 규모가 소규모이므로 모든 직원들의 역량이나 성과가 공유되는 상황이었고, 또한 최고경영자가 생각하는 조직운영전략은 근속을 중심으로 하는 공동체문화에 기반한 것이었기 때문이다. 나아가 급격한 조직 확대나 IPO를 통한 자금확보는 고려하지 않고 있었다. 따라서 당장에는 연공제가 오히려 적합한 상황이었고, 일부 핵심인력은 최고경영자가 별도로 직접 관리하는 시스템이었다. 그럼에도 불구하고 매년 임금조정에는 기준이 있어야 하고, 대외적인 임금액 수준의 관리가 필요했기 때문에 임금관리에 대한 제도설계는 진행했었다.

최근의 HR트렌드는 연공제를 포기하고 성과나 역량 중심으로 옮겨가고 있다. 그러나 이것은 전반적인 흐름을 말하는 것이고 기업의 특성이나 경영자의 철학에 따라 전반적인 트렌드와는 다른 방향을 설정해야 할 상황도 있을 수 있다. 어느 조직에나 적용할 수 있는 보편적 해답은 없다는 의미이다. 평가와 보상과 관련한 부분은 특히 민감할 수 있어 좀 더 조심스럽게 접근하기를 권한다.

최고경영자가 요구하는 메시지가 명확하더라도 "악마는 디테일에 있다(The devil is in the detail)"는 격언처럼 세부사항으로 들어가면 최고경영자 본인이 생각한 의도와 다르게 진행되는 경우도 많이 존재하게 된다. 모든 실행에는 취지에 맞는 효과가 발생하지만, 생각하지 못했던 부작용도 발생한다. 자칫 잘못하면 부작용만 부각되어 제대로 시작도 하기 전에 실패하는 경우도 발생한다. 따라서 정말 중요한 목적을 위해서는 이를 사전에 이해당사자들과 충분히 교감하고 실행해야 할 것이다.

정리하자면, 지금 당장 필요하지 않고 중요한 것이 아니라면 실행을 뒤로 미루는 것도 방법이다. 필요성이 낮으면 실행해도 효과적이지 않기 때문이다. 필요성이 명확하면 사전 준비를 철저히 하고 진행해야 한다. 그리고 경영자의 말은 실제 갖고 있는 철학과 다르게 표현되는 경우가 있으므로 취지에 맞게 해석해서 적용할 필요가 있다. 또한 제도를 실행하게 되면 원래 목적에 맞는 효과와 더불어 부작용으로 예상하지 못한 부수적인 효과도 발생하게 된다. 이에 대해 미리 고민해보고 접근할 필요가 있다. 평가와 보상은 매우 민감한 사안이기에 다른 제도들보다 조금 더 신중할 필요가 있다.

── 평가제도는 6하 원칙에 맞추어 설계하자

본격적으로 평가제도의 설계가 시작되면 어떤 것들을 결정해야 하는지에 대한 정리가 필요하다. 일정규모를 초과하는 기업들은 대부분 평가제도를 갖고 있으므로 주변 기업의 내용을 받아 그대로 만들면 매우 쉽다. 하지만 개인의 보상과 직결된다는 점과 함께 개인을 평가한다는 것 자체가 민감한 사항이기 때문에 조심스럽게 접근해야 한다는 점은 앞에서 언급하였다. 또한 평가는 개개인을 공식적으로 차별하기 위한 합리적 근거를 만드는 작업이라는 점에서 세심하게 진행되지 않으면 자칫 거부감으로 인하여 실패가능성이 높은 제도이기도 하다.

모든 구성원들이 똑같은 성향을 갖고 있고 모두 동일한 업무를 한다면 문제될 것이 없을 것이다. 그러나 서로 다른 성향의 사람들이 서로 다른 직무를 수행하고 있으므로 누구에게나 적용 가능한 보편적인 기준을 설계한다는 것이 쉽지 않다. 하지만 필요한 내용들을 충분히 고민하여 틀을 만든다면 적어도 제도 자체에서 오는 불만은 줄일 수 있을 것이다.

이런 의미에서 평가제도 설계 시 '6하 원칙'을 따른다면 설계 과정에서 내용상 누락 없이 충실할 수 있을 것이다. 실제로 평가제도를 설계하다보면 마주하게 되는 질문들이 6하 원칙의 범주 내에 있으므로 처음부터 하나하나 염두에 두고 진행하는 것이 속도와 정확도 면에서 효과적일 수 있다.

표 4-1 6하 원칙에 따른 평가제도 설계 항목

질문	내용	비고
왜	평가의 목적에 관한 내용이다. 평가는 결과이 기도 하지만 다른 제도들의 실행에 필요한 과 정이다. 보상, 육성, 업무개선, 승진 등 무엇을 목적으로 하느냐에 따라 평가의 모든 내용이 달라지므로, 이에 대한 정의가 중요하다. 가 급적이면 조직운영전략에 반드시 포함하는 것이 좋다.	보상목적, 육성목적, 배치목적, 직무배제목적
언제	평가의 시기에 관한 내용이다. 평가의 목적에 따라 달라질 수 있으며, 정기/수시평가가 필 요할 수도 있다. 또한 정기평가의 연간 몇 횟 수도 결정이 필요하다.	정기/수시 연간평가횟수
어디서	평가의 장소에 관한 내용이다. 모든 인원을 Head office에서 진행할 수도 있고, 각 사업장 별로 진행할 수도 있다. 특히 해외지사를 두 고 있는 기업의 현지직원에 대한 평가주체에 서 논의가 필요해진다.	모회사/자회사 본사/지사/현장
누가	평가자에 관한 내용이다. 조직 체계 중 최종 평가를 누구로 할 것인지, 평가자별 반영비율 을 어떻게 할 것인지 등의 결정이 필요하다.	CEO/부서장 자신/동료/상사/고객/ 부하
어떻게	평가방식과 절차에 관한 내용이다. 평가방식 은 상대평가와 절대평가가 대표적이며, 양자 를 절충한 형태의 설계도 가능하다. 평가절차 는 평가진행 일정을 포함하여 어떤 프로세스 를 통해 진행할 것인지를 정하는 것이다.	상대평가/절대평가 평가 Process
무엇을	평가의 요소에 관한 내용이다. 성과와 역량 중 어떤 것을 평가할 것인지를 비롯하여 무엇 을 성과로 볼 것인가와 같은 디테일까지 정해 야 평가가 명확해진다.	성과/역량/인성 정량/정성

—— 평가의 목적을 명확히 하자

평가를 왜 시행하려고 하는지에 따라 평가제도 내용 뿐 아니라, 실제 제도 운영단계에서 각 진행자들이 해야 할 행동과 평가의 결과물이 달라진다. 만약 실적에 대한 보상이 목적이라면 평가는 과거 지향적으로 설계되고 행위의 결과에 대한 수준측정이 내용이 될 것이다. 만약 직원의 육성이 목적이라면 미래지향적으로 설계되고 평가대상자의 성장목표 대비 부족한 부분에 대한 개선사항 피드백이 주된 내용이 될 것이다. 그러나 한 가지 목적만으로 평가제도가 운영되기는 쉽지 않다. 원칙적으로 평가의 목적이 여러 가지라면 개별 목적별로 별도의 평가를 진행해야 한다. 하지만 평가의 목적이 다르더라도 표면상 외형은 유사하므로 모두 개별화하는 것은 중복되는 부분이 많아 비효율적이므로 실용적이지 않다. 따라서 여러 목적 중 가장 중요한 것을 중심으로 설계하되 부수적인 목적에도 사용할 수 있도록 필요한 내용을 보완하는 것이 좋을 것이다. 단, 주된 목적과 부수된 목적이 명확하지 않은 경우 자칫 운영단계에서 주객이 전도되는 현상이 발생될 수 있어 주의가 필요하다. 인사평가는 평가 대상자에 대한 객관적인 측정을 통해 합리적인 인사관리를 하기 위함이다. 그 '인사관리'의 구체적인 개별 항목은 채용, 인사이동, 임금관리, 교육훈련 등이다.

임금관리를 목적으로 평가를 진행하는 것을 가정한다면 평가 대상자의 과거 실적에 대한 보상을 할 것인지 아니면 보유하고 있는 역량에 대한 보상을 할 것인지에 따라 설계 내용이 달라진다. 이는 '무엇을 평가할 것인가'의 문제로 다시 귀결된다. 어떤 것을 보상할 것인지는 조직운영전략에 따라 구성원의 인적 요소 중 어느 것에 중점을 둘 것인가를 결정한 후 그 중점항목을 보상하기 위해 평가라는 도구를 사용하게 되는 것이다.

예를 들어 큰 변화 없이 안정적으로 운영되는 조직이라면 특정 역량을 보유한 직원이 대개 성과를 내게 되므로 상대적으로 측정이 용이한 과거 실적만을 평가하는 방식도 사용할 수 있다. 그러나 급변하는 환경에 노출되어 있는 사업을 수행하는 조직이라면 실적이 환경의 영향을 많이 받으므로 실적에 대한 보상은 공정성을 갖지 못한다. 따라서 이 경우에는 직원 개인의 보유역량을 대상으로 평가하는 것이 적합하다. 그러나 상황이 극단적으로 안정적이거나 급변하는 조직이 아닌 이상 어느 정도 절충이 필요하며 합의점은 조직에서 현실적으로 운영 가능한 수준에서 결정할 수 있을 것이다. 실무적으로는 조직의 운영에 큰 영향을 미치는 대표 구성원들(예: 임원) 간의 합의를 통해 결정하는 방식이 좋다. 제도의 설계도 중요하지만 취지에 맞게 운영되려면 그들의 동의와 참여가 중요하기 때문이다.

간혹 평가가 직무배제를 목적으로 운영되는 경우도 있다. 예를 들면 구조조정(경영상 이유에 의한 해고)을 진행해야 하는 경우 해고 기준을 정하고 대상자를 선정하는 평가도 있고, 수습기간이나 시용기간 내에 부적격자를 걸러 내기 위한 목적의 평가도 있다. 기본 인사평가의 부수적인 목적을 직무배제 목적까지로 확대한다면 인사평가 시 평가 대상자의 평가결과에 대한 반발이 커지는 것은 물론이고 불필요한 스트레스가 부과될 가능성이 높아져 조직운영에 부정적인 영향을 미치게 된다. 따라서 직무 배제 목적의 평가와 같이 정기 인사평가에 부수하여 설계하는 것이 바람직하지 않은 경우에는 별도의 절차로 진행하는 것이 필요하다.

—— 평가를 언제 할 것인지 정하자

인사평가의 시행시기 또한 평가의 목적에 따라 달라지며, 최종적으로는 장단점 파악 후 현실적인 운영가능성을 염두에 두고 의사결정을 통해 결정해야 한다.

역량에 대한 평가는 인사평가의 최종 목적 활동이 진행되는 시점에 하는 것이 좋다. 만약 승진/승급 목적이라면 승진/승급자를 정해야 하는 시기 직전에 하면 되고, 임금조정 목적이라면 임금조정 전에 하면 된다. 이동/배치를 위한 목적이라면 역시 이동/배치를 위한 의사결정 전에 하면 된다. 대부분의 기업이 1년에 한 번 임금조정을 하고 조정의 기준을 인사평가 결과에서 찾게 되므로, 연말에 인사평가를 하는 것이 일반적이다. 이 경우 발생할 수 있는 시간적 오류[9]를 해소하기 위해서 연중 추가적인 정기 인사평가를 시행하는 경우가 있다. 각 기업에 따라 분기별 평가(연 4회), 반기별 평가(연 2회)로 진행하는 경우이다. 평가를 자주 진행하면 연간 평가에서 시간적 오류의 제거가 용이해 비교적 정확한 평가가 가능하다는 장점이 있으나 평가에 소요되는 시간과 노력이 증가하므로 적정 빈도를 찾는 노력이 필요하다.

실례로 필자가 속했던 회사 중 한 곳은 분기별 평가 제도가 설계되어 있었다. 각 평가시기에 평가공지에서부터 단계별 평가 및 최종평가 후 피드백까지의 기간이 거의 1개월이 걸리는 현실에 비추어보면 연간 4개월 동안 평가를 진행한 것이다. 심하게 비효율적이라

---

9 평가자가 피평가자를 평가함에 있어서 쉽게 기억할 수 있는 최근의 실적이나 능력중심으로 평가하려는 데서 생기는 오류

는 내부 지적을 통해 다시 조정하여 연간 2회 평가를 진행하는 반기평가로 최종 개정하여 실행하였다. 따라서 처음 평가를 시행하거나 제도화하는 기업이라면 반기평가 정도로 운영을 해보면서 자신의 기업에 맞는 빈도를 찾는 작업을 하는 것이 좋을 듯하다.

여기까지의 내용은 연간 꾸준히 진행되는 업무에 대한 실적을 평가하거나 인사평가에 반영하기 위한 역량평가를 시행하는 경우에 해당하는 내용이다. 그러나 실제 기업들 중 프로젝트 단위로 직무가 구성되거나, 본인의 주 업무 외에 특정 기간에 걸쳐 TF팀에 소속되어 업무를 진행하다가 목적사업이 완료되면 본 업무로 복귀하는 경우가 종종 있다. 해당 프로젝트나 TF에서의 업무성과에 대한 평가시기를 언제로 할지가 문제가 된다.

이미 구축되어져 있는 평가기간에 해당 내용을 업무실적에 포함하여 평가할 수도 있고, 별도로 평가를 진행한 후 해당 평가의 결과를 연간 평가에 반영하는 방식도 있다. 또한 연간평가에 반영하지 않고 그 자체로 평가를 완료하여 개별 보상과 연결하고 마무리하는 경우도 가능하다. 어떤 방식을 선택할지는 각 기업과 직무의 특성에 맞추어 선택하면 될 것이다. 선택한 방식이 장점과 단점을 갖고 있겠지만 정답이 있는 것은 아니므로 평가의 정확성과 실제 운영가능성을 기준으로 의사결정하고 설계하면 되는 것이다.

─── 평가를 어디서 할 것인지 정하자

평가를 어디서 할 것인지의 문제다. 사업장이 하나로 되어 있고 모든 임직원이 하나의 사업에 소속되어 있다면 문제될 것이 없으나, 사업이 분리되어 있거나 사업장이 분리되어 있다면 평가의 주관을 어디서 할 것인지에 대한 결정이 필요하다.

필자가 속해 있던 기업들은 모두 해외 현지법인이나 국내 자회사를 두고 있었다. 또한 한 기업은 국내에 동일 업종(제조업)의 자회사와 다른 업종(서비스업)의 자회사를 모두 보유한 경우도 있었다. 굳이 현지법인이나 자회사를 두고 있지 않더라도 여러 개의 사업장이 존재한다면 해당 사업장의 업종과 운영의 독립성 여부를 기준으로 인사평가의 독립성을 판단하여야 한다. 일반적으로 아래 평가제도 연계를 검토하면 대략의 자회사나 개별사업장의 평가운영체계는 세워질 것이다.

자회사(지사)의 평가제도를 설계함에 있어 의사결정 할 사항은 아래의 세 가지로 정리된다.

첫째, 평가제도 구축에 있어 모회사(본사)와 자회사(지사)에 동일한 인사평가제도를 적용할 것인지 여부를 정해야 한다.

둘째, 동일한 평가제도를 운영한다면 평가를 자체적으로 할 것인지, 모회사(본사)에서 통합해서 할 것인지 여부를 성해야 한다.

셋째, 자회사(지사)에서 개별 인사평가제도를 운영하거나 자체적으로 평가를 진행하는 경우라면, 자회사(지사)의 인사평가 결과를 모기업에서 모두 취합하여 관리할 것인지 정해야 한다.

자회사(지사) 인사평가제도 연계 수준

운영형태 개입방식	완전 일체운영	동일구조/ 독립운영	독립구조/ 일체운영	독립운영	완전 독립운영
동일한 제도	O	O	X	X	X
직접 평가참여	O	X	O	X	X
평가자료 관리	O	O	O	O	X

필자가 재직했던 회사들 중 가장 긴밀하게 운영하는 제도를 갖고 있던 회사에서는 모든 인사평가를 모기업에서 진행하였다. 즉 동일한 조직체계에 흡수하여 진행하였으므로 자회사 인원들을 본사의 특정 부서로 간주하여 전사적으로 동일한 범주의 평가를 진행하였다. 평가자에 본사 인원이 포함되지 않은 자회사의 팀원급에 대해서는 실제로 해당 자회사 임원의 평가로 마무리가 되었다. 그러나 원칙적으로 동일한 평가체계로 보았으며, 본사의 인사위원회에서 최종등급을 확정하는 것으로 포함하였다.

또한 재직했던 회사들 중 가장 독립적으로 운영하는 제도를 갖고 있던 곳에서는 자회사에 배치한 전문경영인에게 전권을 주고 인사평가제도는 본사의 것을 준용하였다. 해당 사업장 특성에 맞게 수정하여 진행하게 하였고, 평가결과와 보상에 관한 내용은 보고 차원에서 공유하는 정도로 진행하였다. 이 경우에는 개별 과정에는 개입하지 않았으나 인사감사의 개념을 적용하여 전체적인 진행사항에 대한 의견을 주고 자체적으로 보완하여 피드백하는 방식으로 본사의 개입을 최소화 하였다.

중소기업의 특성상 대부분 어디에서 평가를 진행할지에 대한 사항은 최고경영자의 의사결정사항이라고 볼 수 있다. 그러나 인사제도 설계 시 이를 담당자가 고민해야 하는 이유는 단순히 오너의 의지만으로 제도를 설계할 경우 운영상의 문제가 발생하는 경우가 있기 때문이다. 자회사의 업종과 직무의 특성을 고려할 때 본사가 단순 투자자 수준의 비전문가인 경우에는 실제 평가에 참여한다고 해도 무의미한 경우가 많다. 형식적인 참가를 통해 자회사에서 진행된 평가를 그대로 인정한다면 모르겠지만, 자회사의 업종에 대하여 비전문가인 본사가 실제 영향력을 행사하는 경우 자칫 평가제도의 신뢰성에 문제를 야기하게 된다.

자회사의 인사평가를 독립적으로 운영하는 경우에 고려할 사항이 있다. 자회사에 파견된 본사(모기업)의 인원과 본사와의 인적교류의 대상이 되어 상호 발령이 가능한 직종에 속한 인원에 대한 평가에서 본사가 배제되는 것이 적절한지에 관한 것이다. 본사와의 연결고리를 위하여 본사가 영향을 미칠 수 있는 장치는 마련해야 할 것이다. 자회사에 배치되어 있으나 본사에서 관리하는 인적자원이라는 인식이 필요하기 때문이다.

내용을 정리하면, 독립적인 운영을 하는 자회사나 사업장의 독립적인 평가 여부는 조직운영전략과 각 사업장의 성격에 맞추어 설계하되, 본사(모기업)와 인적교류의 대상이 되는 인원에 대해서는 평가 주관의 독립성과 별개로 의사결정을 해야 하는 부분이 있다. 이는 기타 인사제도를 설계함에 있어서는 예외사항에 해당하므로 원칙을 정할 때 함께 고민해야 한다.

어디서 평가하는가의 문제는 사실상 누가 평가하는가와 유사한 문제이나, 별개의 사업 또는 사업장을 운영하는 조직에서는 실무적으로 혼란이 있어 항목을 구분하였다. 실제로 구분함으로써 얻어지는 명확성이 있어 진행한 것이므로 다른 전문가들의 구분과 다르더라도 취지를 이해하면 실무에서 유용할 것으로 판단된다.

─── 평가를 누가 할 것인지 정하자

평가자를 설정한다는 것은 평가의 대상이 되는 특정 직원에 대해 구체적으로 누가 평가권을 행사할 것인가에 관한 문제이다.

전통적으로 인사평가는 상사평가를 기본으로 설계되어왔다. 따라서 평가 대상자로부터 직계로 올라가는 과장, 부장, 팀장, 임원, 최고경영자의 단계 중 몇 단계까지 평가를 할 것인지와 누가 최종 판단권한을 가질 것인지에 관한 문제가 인사평가제도를 설계하는 단계에서의 주된 의사결정 사항이었다.

최근 동료에 의한 평가, 자기평가, 하급자에 의한 평가, 외부자에 의한 평가, 집단에 의한 평가 등 그 형태가 다양해지고는 있으나, 아직도 가장 기본적인 형태는 상사평가라고 할 수 있다.

단순한 상사평가의 형태가 아닌 다양한 평가자를 개입시키는 인사평가제도를 갖고 있는 기업이라 하더라도 그 내용을 살펴보면 상사평가의 토대 위에 수정사항을 가미한 경우가 대부분이다. 즉 상사평가의 단점을 보완하거나 다른 평가목적에 대응하기 위하여 부수적으로 다면평가를 활용하는 경우이다. 가장 적합한 형태를 찾기 위해서는 해당 조직이 속한 업종의 특성이나 평가 대상자의 직군 특성, 조직운영전략 등을 감안하여 누가 평가를 하는 것이 좀 더 정확한 판단을 할 수 있을지 판단할 필요가 있다.

그림 4-1 평가자 유형

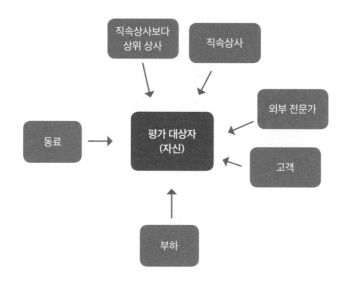

좋은 평가를 받고 싶은 평가 대상자라면 평가자에게 좋은 모습으로
비춰지기 위해 노력할 것이라는 것을 누구나 예상할 수 있다. 이런
면에서 실질적인 평가권을 효과적인 조직관리에 활용할 수 있는 방
안이 도출된다. 만약 회사의 모든 의사결정을 최고경영자가 하고 직
원들이 그 결정에 따라 일사분란하게 움직이기를 바란다면 최고경
영자에 평가권을 집중하는 것이 좋을 것이다. 각 기능별 부문이나
사업부별로 분권화가 진행되어 권한과 책임이 해당 부문 또는 사업
부로 이관된 경우에는 해당 부문장이나 사업부장이 평가권을 갖는
것이 적절할 것이다. 또한 팀장 중심의 의사결정과 업무진행을 중시
한다면 팀장에게 평가권을 보장해 주어야 할 것이다. 만약 서비스업
과 같은 고객 지향적인 조직이라면 고객평가를 인사평가에 반영하

는 것으로 고객서비스의 질을 높일 수도 있을 것이다. 협업을 중시하는 조직이라면 동료의 평가를, 중간관리자급 이상의 관리자에게 리더십과 부하직원에 대한 동기부여를 요구한다면 그 부분에 대해 부하평가를 도입하는 것도 유용할 것이다. 내부에서의 평가가 쉽지 않거나 평가의 투명성과 객관성이 담보되어야 하는 경우에는 외부 전문가의 평가를 진행하는 것도 적절한 방법일 수 있다.

어떤 것이 좋다는 정답은 없으나, 조직에서 지향하는 조직운영전략과 해당 평가의 목적에 따라 평가자를 선정할 필요가 있다. 전문가들과 많은 경험을 갖고 있는 실무자들에 의해 실증적으로 검토된 선례들이 많이 있으니 이를 찾아보고 장단점에 대한 검토를 선행한 후 제도를 설계하고 운영하는 것이 적절할 것이다.

처음 인사제도를 설계하는 시점에는 가장 기본적인 것을 기준으로 설계하는 것이 적절하다. 그다음에 실행을 통해 조직 내부에서 스스로 시행착오를 겪으면서 하나씩 수정하거나 보완을 해 나가는 방식으로 진행이 되는 것이 일반적이다. 이하에서는 상사평가를 기준으로 제도설계 진행 시 유의할 점을 정리하고자 한다.

상사는 직속상사도 있고, 그보다 상위의 상사도 존재한다. 이는 앞서 설명한 조직의 구조를 어떻게 설계할 것인가와 밀접한 관련성을 가지며, 여기서 '상사'란 해당 조직에서 평가 대상자의 업무를 관리/감독/지원하는 역할을 담당하는 상사를 의미한다.

직능부제 조직과 사업부제 조직에서는 상사의 판별이 명확하여 해당 조직도상의 체계(통상의 결재라인)를 좇아가면 된다. 상대적으로 고민이 많이 필요한 조직은 프로젝트조직이나 매트릭스조직의 구조를 갖는 경우이다. 물론 평가 대상자가 프로젝트만을 전담하는 경우라면 프로젝트리더가 평가하면 되므로 문제가 없다. 그러나 현업의 직무와 함께 일시적인 프로젝트에 참여하게 되는 경우나 사업과 기능의 중첩에 따른 매트릭스 조직 하에 있는 경우가 대상이 된다. 즉 동일 평가기간에 상사가 중복으로 존재하는 상황에는 별도의 판단 기준이 요구된다.

필자가 기준으로 삼았던 내용을 예로 언급하자면, 평가 대상자의 사람 자체에 관한 영역('능력', '행동' 등)에 대한 평가는 인적으로 소속된 조직에 배정하고, 평가 대상자의 일에 관한 영역('실적', '성과', '기여도' 등)에 대한 평가는 일을 한 조직에 배정하는 것을 원칙으로 하였다. 따라서 이 기준을 적용하면 일시적 프로젝트조직에 속했던 대상자의 프로젝트에서의 성과와 기여는 프로젝트 리더가 평가하고, 원 소속 조직에서의 성과와 기여는 원 소속 조직의 상사가 평가하였다. 그리고 대상자의 역량에 관한 사항은 원 소속 조직의 상사가 전담하여 평가하는 것으로 하였다.

매트릭스 조직의 경우에는 주된 소속을 어디로 볼 것인가가 중요하다. 만약 A사업부의 인사업무를 담당하는 평가 대상자가 있다고 가정하면, 해당 대상자의 주된 소속이 A사업부이면서 전사 인사책임자의 지원을 받는 것인지 아니면 주된 소속이 전사 인사책임부서이면서 A사업부에 파견과 유사한 형태로 근무하는 것인지에 따라 상사를 판단하는 소속조직이 달라질 것이다. 물론 주된 소속이 아닌 부서나 사업부의 상사에게도 일정부분 평가권을 부여하거나 의견을 수렴하는 정도의 장치는 필요하다. 주된 소속의 의견만으로 평가가 진행되는 경우에 실제 프로젝트 조직이나 매트릭스 조직의 운영이 원활하지 않은 경우가 발생하기 때문이다. 주된 소속을 판단하는 방법을 한 가지 언급하자면, 평가결과에 대한 피드백을 용이하게 할 수 있는 상사가 누구인지를 찾아 주된 소속조직을 결정한다면 좀 더 쉽게 결정이 가능할 것이다.

평가제도의 설계도 쉽지 않지만 중소기업에서는 그 운영에 대한 문제가 더 크다. 실제 평가제도를 운영하면서 경험한 문제를 공유하고 그 대안을 미리 고민해 본다면 유익하리라 본다.

만약 처음으로 인사제도를 설계하고 시행하는 기업이라면 평가권한이 최고경영자에게 집중되어 있는 경우가 많을 것이다. 아직 규모가 크지 않은 기업일 것이고, 최고경영자가 직원의 채용부터 관여하고, 계속 밀접한 관계를 갖고 함께 업무를 진행하는 것이 가능한 조직이기에 실제로 최고경영자가 모든 직원들의 개별적인 사항까지 모두 인지하고 있을 가능성이 높다. 그러나 평가제도를 설계하고 실시한다는 것은 최고경영자 1인이 모든 직원들을 정확하게 평가할 가능성이 낮다는 것을 전제로 한다. 조직이 성장함에 따라 최고경영자가 주의를 기울여야 할 업무의 범위가 확대되고 직원들의 면면을 모두 인식하면서 조직을 운영하는 것이 불가능해진다. 따라서 본인이 직접 평가하는 것이 정확하지 못할 것이라는 가정을 기초로 하여 직원들에 대한 평가권을 본인보다 더 잘 할 수 있는 위치에 있는 부하 임직원에게 위양하는 것을 의미한다.

그러나 실제 운영을 하다 보면 최고경영자가 알아서 판단하던 시절과 크게 다르지 않은 상황이 발생할 가능성이 높다. 물론 설계된 인사평가 체계상 어느 1인이 평가를 진행하는 것으로 되어있지 않겠지만, 실제 운영을 해보면 사실상 권한이 특정인에 집중되어있는 것을 자주 볼 수 있다. 평가진행 계통도 작성 시 '본인 → 팀장 → 부문장 → 대표이사'로 정했더라도, 대표이사인 최고경영자가 팀장과 부문장의 중간평가를 무시하고 본인이 평가를 최종평가로 정한다면 실제로 대표이사 1인이 평가하는 것과 다름없는 것이다.

그렇다면 결론적으로 대표이사의 1인 평가이며, 중간단계의 관리자는 대표이사에게 의견을 제시하는 수준으로 평가제도가 운영되게 된다. 결국 중간 단계의 평가가 무의미해진다는 것이다. 이를 방지하기 위해 각 단계별 가중치를 적용한다던지, 1차 평가자의 평가결과에 대해 상위 평가자의 조정 가능한 폭을 제한하는 등의 방안을 고민해야 한다. 이런 장치가 없다면 실질적인 평가권한을 갖지 못하는 직속상사의 평가권이 형식화되고 실제 부하직원에 대한 영향력을 발휘하지 못하는 상황이 발생할 수 있다.

인사평가제도를 운영하다 보면 발생하는 또 다른 문제는 각 평가자별 평가 성향에 따라 평가결과에 편차가 발생한다는 점이다. 이른바 평가결과 분포에 오류가 발생하며 관대화 경향, 가혹화 경향, 중심화 경향이 그것이다. 만약 절대평가를 적용하는 경우라면 이 문제는 매우 심각한 결과로 이어진다. 상대평가를 적용하더라도 서열이 모호해지는 경우가 발생한다. 이 문제를 해소하는 방안으로 각 평가자별 평가결과를 정규 분포화하여 통계적으로 조정하는 방식이 있으나 실제 진행해본 경험에 의하면 조정에 들어가는 노력에 비해 결과물의 품질 또한 그리 좋지 않음을 확인할 수 있었다. 통계 활용이 의미를 갖기 위해서는 일정수준 이상의 표본이 필요한데 중소기업에서는 평가대상이 되는 대상자의 수가 적을 뿐 아니라 각 부문/팀의 인원수가 2~3명에 불과한 경우도 많기 때문에 통계적인 처리가 오히려 평가결과를 왜곡하는 상황이 발생하기도 했다. 따라서 평가결과의 분포의 왜곡을 시정하기 위한 장치를 도입할 것인지 여부는 제도를 운영해 본 후에 의사결정권자와의 논의를 통해 정할 것을 권하고자 한다.

조직운영전략상 의사결정 구조가 중앙집권형이라면 최종 최고경영자가 직접 최종 조정을 하거나 좀 더 객관성을 확보하기 위해서는 최고경영자가 주재하는 평가위원회를 만들어 조정하면 된다. 그러나 분권형 의사결정 구조로 운영하는 경우에는 이런 절차를 거쳐 임의 조정하는 것이 권한위임을 받은 관리자의 결정이 무시되는 결과를 초래하므로 조직운영전략에 역행하는 결과가 된다. 따라서 이 경우 기업의 최고경영자는 각 팀이나 부문의 평가를 통해 해당 부문/팀에서 부여 가능한 평가결과 범위를 설정해주고 각 부문/팀에서 알아서 평가하게끔 하는 방식도 도입할 수 있다.

예로 각 사업이나 사업장의 손익이 비교적 정확하게 산정되는 조직에서 활용하는 성과급 부여방법을 살펴볼 필요가 있다. 본사에서는 자체 기준에 의해 계산된 방식으로 각 지점에 성과급을 부여하고, 해당 성과급의 개인별 분배는 리더인 지점장이나 사업부장이 구성원들에 대한 자체 평가를 통해 배분하는 경우이다. 이를 통해 본사에서는 직원 개개인의 영업성과 측정까지 고민할 필요가 없으며, 지점장이나 사업부장은 직원들에 대한 리더십을 발휘할 수 있다. 동일한 운영구조의 사업이 아니더라도 각자의 기업에 응용할 수 있는 여지가 많은 방법이다.

표 4-3 가계통도 작성 예시

20xx년 상반기인사평가 계통도_20xx.6.30. 조직도기준

부서		성명	평가자		참조자	평가결과		비고
						성과	역량	
영업부문 CEO직속		조조(팀장)		CEO				
		하후돈	조조	CEO				
		허저	조조	CEO				
		허유	조조	CEO	원소			기중 전보
운영 부문 부문장 :유비	개 발 팀	관우(팀장)		유비	CEO			
		미방	관우	유비				
		요화	관우	유비				
		관평						미평가(신입)
	생 산 팀	장비(팀장)		유비	CEO			
		범강	장비	유비				
		장달	장비	유비				
중국법인 법인장 : 손권		주유(팀장)		손권	CEO			
		노숙	주유	손권				
		여몽(팀장)		손권	CEO			
		태사자	여몽	손권				

작성기준
- 평가기간 마지막 날 조직도 기준으로 평가계통 확정
- 팀장은 부문장(1차)-CEO(2차) 평가, 팀원은 팀장(1차)-부문장(2차) 평가
- 기중 전보자는 전보 전 조직 평가자의 의견 참조
- CEO 직속부서: CEO 최종평가로 진행, 팀장은 CEO 1차평가로 완료
- 미평가: 신입(6개월 이내), 경력(3개월 이내) → 수습평가 대상자

───── 평가를 어떤 방식으로 할 것인지 정하자

평가제도를 설계하는 경우 외형적으로 나타나는 것은 대부분 평가의 방식과 절차에 관한 것이다. 평가제도의 틀을 설명하는 기술적인 내용이 방식과 절차에 모두 적용될 것이기 때문이다. 기업의 상황에 따라 정해야 하는 부분이지만, 평가제도의 틀은 대부분 정형화되어 있는 경우가 많다. 각 기업은 외부에 나와 있는 것들 중 하나 또는 복수의 것을 취사선택하여 내부 제도화하면 될 것이므로 선택할 내용을 소개하는 수준으로 정리하고자 한다. 여기서는 평가방식과 평가절차에서 필요한 행위들을 중심으로 설명하겠다.

인사평가는 크게 상대평가와 절대평가로 구분된다. 최근의 트렌드는 상대평가를 폐지하고 절대평가를 채택하고 있다. 마이크로소프트의 공동창업자인 스티브 발머는 2013년 월스트리트저널과의 인터뷰에서 "마이크로소프트는 불건전한 경쟁을 초래하여 팀워크를 해치는 직원순위 매기는 방식의 평가를 폐지한다"고 밝혔다. 또한 상대평가를 강조하던 GE의 전 CEO 잭웰치도 2016년 블룸버그와의 인터뷰에서 자신이 도입했던 상대평가는 이제 더 이상 적합하지 않다고 말했다. 그럼에도 불구하고 모든 기업이 절대평가를 해야 한다는 것은 아니다. 앞의 얘기들은 마이크로소프트와 GE에 해당하는 내용이고, 해당 기업의 운영에 있어서 상대평가가 적합하지 않다는 의미이기 때문이다.

각 기업에서 어떤 방식을 도입할 것인지는 평가의 목적, 조직의 제도운영 성숙도 등을 반영하여 결정하여야 한다. 현재의 조직이 어떤 상황인지를 판단한 후 각 평가형태에 적합한 상황을 확인하고 선택한다면 설계가 조금은 쉬워질 것이다.

평가절차는 평가계획에서부터 최종 평가결과 확정 및 이와 관련한 진행절차를 정하는 것이며, 일반적인 상사평가를 기준으로 아래와 같이 예를 제시하였다. 단, 사내에서 상사평가로 진행하는 인사평가가 아닌 특수한 형태의 평가인 경우 절차를 구성하는 항목이 다를 수 있으므로 별도의 자료를 확보하여 검토할 필요가 있다.

표 4-4 **상대평가와 절대평가**

비교항목	상대평가	절대평가
정의	직원 간 상대비교를 통한 평가	평가자의 절대 기준에 의한 평가
평가제도 유형	서열법, 쌍대비교법, 강제할당법	평정척도법, 체크리스트법, 중요사건 서술법
장점	- 임금조정/승진/승급 결정 용이 - 고성과자/저성과자의 구분 명확 - 관대화/중심화/가혹화 경향 방지	- 평가과정에 초점을 맞출 수 있음 -피드백과 개선점 도출이 용이 -동료 간 경쟁 감소로 협업 용이
단점	- 평가결과에 집착하게 만듦 - 동료 간 경쟁 심화로 협업 저해 - 평가 피드백이 어려움	- 관대화/중심화/가혹화 경향 발생 -보상 예산의 사전설정 곤란
적합한 상황	- 성과주의 정착 필요 시 - 경쟁을 통한 동기부여 필요 시 - 고성과자/저성과자 구분 필요 시 - 평가제도 운영 초기에 활용	- 구성원 간 협업 필요 시 - 구성원 사기진작 필요 시 - 구성원 간 상대비교 곤란 시 - 평가제도운영 성숙기에 활용

다음은 평가진행에 필요한 행위들을 정할 차례이다. 필자가 재직했던 회사에서 진행했던 각 행위들과 실제 평가일정 계획을 예시로 제

시하였다. 특별한 성격으로 인하여 진행되는 매우 특수한 사항은 제외하고 작성한 것임을 참고하기 바란다.

표 4-5 **평가일정 예시**

항목	일정	비고
평가진행계획 보고	D-12~D-11	평가일정, 평가체계, 기타 특이사항 포함 평가진행 계획품의로 확정
평가자교육	D-15~D-10	평가 진행 전 평가자 전원 대상 실시
진행공지	D-10	진행일정, 평가체계(1차/2차 평가자, 협의자 등 기재), 당기목표 작성된 평가양식 배포
평기 설명회	D-10~D-9	진행 공지 후 즉시 진행 사업장이 복수인 경우 각 사업장별 진행
본인평가 /1차 평가	D-8~D-6	본인성과 기술 후 스스로 평가 본인평가 후 면담을 통해 1차 평가 진행
2차 평가	D-5~D-3	2차 평가 시 1차 평가자와 면담 진행
취합/정리	D-2~D-1	평가결과 정리본 인사위원 전달, 직급별/부서별 비율검토, 정규분포화 검토
인사위원회	D-day	부서별 편차조정(피평가자 개별조정은 지양) 인사위원은 별도 규정에 따름
결과품의	D+1	인사평가 최종결과 품의 인사평가 결과에 따른 인사변동 품의
결과배포	D+1~D+2	각 부서별 인원에 대한 결과 회신 피드백 일정 공지
결과 피드백	D+2~D+4	개인별 결과피드백(1차 또는 2차 평가자) 피드백 후 면담실행에 대한 확인서명 수령
차기 업무목표 설정	D+2~D+7	전기 평가 피드백 직후 피드백 내용 반영하여 설정

차기 업무목표 검토	D+2~D+7	1차/2차 평가자 순으로 협의하여 진행
차기 업무목표 취합	D+8~D+10	최종 평가자 승인된 내용으로 취합

해당 기업은 해외현지법인과 지방 소재 공장을 보유한 제조업체로, 연간 2회(상반기평가 7월, 하반기 및 연간평가 1월) 평가를 진행하였다. 작성한 내용 중 중요한 것만 몇 가지 설명을 더하면 다음과 같다.

평가자 교육은 무조건 진행하기를 추천한다. 필자가 재직하였던 평가 계통도상 평가자로 참여하는 인원 전체를 대상으로 평가자 교육을 실시하였다. 매년 2회 평가를 진행하는 관계로 매 평가시마다 진행할 필요는 없었다. 단, 처음 평가자로 참여하는 인원은 필수과정으로 이수하도록 하였고, 연간평가를 실시하는 매년 1월에는 전체를 대상으로 교육을 진행하였다. 교육의 빈도나 방식은 각 기업에서 필요한 수준에 맞도록 설정하면 된다.

표 4-6 **평가자 교육 커리큘럼 예시**

구분	교육내용	시간
1. 인사평가의 중요성	• 인사관리의 목적 • 인사평가의 이해	1H
2. 평가자의 오류와 대책	• 평가오류의 발생 원인 • 평가자의 오류와 방지대책 • 평가를 저해하는 관리자의 유형	1H
4. 인사평가결과의 피드백	• 피드백 프로세스와 방법 • 올바른 평가를 위한 Point	1H
5. 육성형 면담 방법	• 육성 면담 스킬 GROW • 실습	1H

교육대상이 주로 팀장급 이상의 간부급과 임원으로 구성되므로 강사는 전문성 확보를 위하여 외부 전문가를 섭외하여 진행하였다. 인사담당 부서에 전문성과 영향력을 보유한 임원급 사내강사가 확보되어 있다면 회사의 상황과 수준에 맞는 가장 적절한 강의가 진행될 수 있다. 그러나 대부분 중소기업이 그렇지 못한 현실에서 인사팀장이나 담당자가 사내강사로 나서게 된다면 교육의 효과를 담보하기 어려워진다. 평가절차에서 가장 중요한 역할을 하는 임원급이 인사담당자가 강사로 진행하는 교육에 몰입할 수 있을 것이라는 기대가 높지 않은 현실적인 문제가 있다는 의미이다.

평가에서 면담은 필수적이다. 하지만 면담에서 어떤 방식과 내용으로 면담을 진행해야 하는 것인지에 대한 사항이 명확하지 않다면 평가의 목적을 달성하기가 곤란해진다. 면담의 진행과 관련한 사항을 평가자 개인에게 맡겨둔다면 개인의 성향에 따라 중구난방으로 면담이 진행될 가능성이 높아진다. 만약 평가자가 평가를 통해 얻고자 하는 결과를 명확하게 이해하지 못하고 있다면 필요한 목적을 달성할 수 없을 것이고, 만약 이해하고 있다고 하더라도 명확한 가이드 없이 면담이 진행되면 전체적으로 통일된 결과를 기대하기는 어려워진다. 따라서 평가자와 평가 대상자가 면담을 통해 어떤 내용을 공유할 것인지에 대한 것이 사전에 정해져야 하며, 이는 평가자에 대한 교육 또는 사전 안내를 통해 명확하게 공유되어져야 한다. 목적과 방법이 명확하게 공유된다면 어떤 절차에서 어떤 방식으로 면담을 진행해야 하는지가 정해진다.

1차 평가에서의 면담은 평가 대상자와 1차 평가자 간 상호 명시적 또는 암묵적 요구사항에 대해 어느 정도 충족이 되었는지에 대한 구체적인 논의가 가능하다. 이를 통해 평가자는 어떻게 동기부여 해야 하는지를 고민하게 되고, 평가 대상자는 상사가 원하는 바가 무엇인지를 재확인하게 된다. 2차 평가에서의 면담은 2차 평가자와 1차 평가자 간의 관점에 대해 서로 조율하는 기회를 갖는데 의미가 있다. 이처럼 어떤 절차에서 면담을 실행하느냐에 따라 얻을 수 있는 내용이 달라지는 것이다.

가장 중요한 것이 평가결과 피드백 진행 시 진행되는 면담이다. 이 부분에서는 기존 실적이나 행동에 대한 판단결과 뿐 아니라 조직의 요구와 개인의 부응에 대한 사항을 정리하게 되며, 평가 대상자가 향후 어떤 것을 어떻게 하기를 바라는지에 대한 구체적인 것을 확인하게 되어, 차기 평가 시점까지의 업무목표를 설정하는 중요한 단서를 제공하게 된다.

표 4-7 단계별 면담내용 예시

구분	면담내용

목표설정 면담	• 회사의 전략과 우리 부서에 미치는 영향
	• 회사/부문에 기여할 만한 개인의 목표 설정
	  - 팀원들이 달성해야 할 목표(3~5가지)
	  - 목표달성을 위해 필요한 스킬 및 지식
	  - 목표 달성여부의 평가 방법
	  - 팀장이 지원해 주어야 할 것

평가면담	• 달성성과에 대한 부하사원의 의견청취 • 조직 책임자로서의 평가결과 제시 • 필요시 목표수정/추가 및 지원사항 협의 • 부하와 평가결과 합의
평가결과 피드백	• 최종적인 평가결과 제시 • 회사의 기대와 본인의 부합여부 제시 • 이후 목표설정 및 달성을 위한 제언

그러나 이런 미래지향적인 논의가 저절로 이루어지지는 않는다. 인사부서에서 평가일정을 설계하면서 평가결과 피드백 후 즉시 차기 업무계획과 목표를 수립하도록 일정계획을 수립하는 것은 미래지향적 논의가 되도록 하는 좋은 방법 중 하나이다. 평가결과에 대한 피드백 면담을 진행하는 과정에서 평가 대상자에 대한 차기 목표에 대해 논의를 할 수밖에 없는 상황이 마련되어 가장 자연스럽게 미래지향적인 육성형 면담이 진행될 수 있다.

면담은 상사들이 가장 어려워하는 부분 중 하나이다. 면담 타이밍을 잡는 것도 어려워하지만, 효과적인 면담이 되기 위해 구체적으로 어떻게 진행해야 하는지를 모르는 경우가 많다. 아마도 과거 전통적인 조직문화에서의 상명하복에 익숙한 직원들이 평가자의 위치에 있는 이유이기도 하겠지만, 그에 대한 교육과 실습을 제대로 받아볼 기회가 없었던 탓일 수도 있다. 따라서 회사는 강제적으로 면담의 기회를 부여하고, 효과적인 면담을 할 수 있는 방법을 구체적으로 알려주는 노력이 필요하다. 이 또한 평가자 교육을 진행하는 목적 중 하나이다.

인사제도를 설계하다 보면, 많은 양식이 필요함을 알게 된다. 따라서 필요한 몇 가지 양식을 예시로 제시하고, 그에 대한 설명을 간략하게 하고자 한다. 무언가 제도를 설계하고자 할 때 필요한 양식들은 인터넷을 통해 쉽게 구할 수 있다. 특히 다른 회사의 인사담당자들과 교류를 위한 온/오프라인 네트워크 활동을 하고 있는 분들이라면 해당 네트워크를 통해서 구하는 방법도 있다. 심지어 별도의 네트워크를 갖고 있지 않더라도 인터넷을 통해 쉽게 구할 수 있는 양식들도 많다. 그러나 그렇게 구한 양식을 활용하는 단계에서 그 문서양식이 내포하고 있는 행간의 의미를 이해하지 못한다면 활용도가 낮아질 수밖에 없을 것이다.

필자가 기존에 만들었던 인사평가 양식을 예로 제시하고 해당 양식을 구성하는 각 항목의 설정이유와 운영방식을 설명하도록 하겠다.

평가항목은 성과평가와 역량평가로 구분하고, 각각 한 장의 페이지를 할당하였다. 그리고 평가를 요약하는 총괄 페이지를 만들어 가장 앞 페이지에 배치하였으며, 종합적인 평가의견을 기재하도록 하였다. 해당 의견을 토대로 면담을 실행하게 되며, 총괄 페이지 하단에 면담일과 평가자, 평가대상자가 각각 확인을 하도록 구성하여 평가

피드백 면담을 강제하였다. 이후 서류관리 등 인사행정 목적으로 인사평가 자료를 확인하는 경우 가장 앞 페이지의 내용만으로 내용파악이 가능하도록 하기 위한 이유도 포함되어 있다.

성과평가는 업무목표를 사전에 작성한 후 평가시점에 해당 내용에 대한 실적기술을 작성하도록 하였다. 평가 대상자의 직무내용이나 중요도가 목표설정 시점과 비교하여 변화가 없다면 내용과 가중치를 목표설정에 기재한 것과 동일하게 작성하도록 하였다. 실제 진행 업무의 변화가 있는 경우에는 변화된 내용에 맞추어 업무내용 및 가중치 조정하였다.

목표설정 당시 예상하지 못한 중요한 업무진행이 있는 경우에는 별도의 수정 없이, 실적기술에 해당 내용을 추가함으로써 평가에서 누락되지 않도록 운영하였다.

그림 4-2 **평가양식 예시 - 1page(총괄기재 부분)**

20××년 상반기 개인별 인사평가

1. 대상자

성명		소속/직급	

2-1. 평가자 의견(성과 평가)

1차 평가자		2차 평가자	
등급의견	S A B C D	등급의견	S A B C D
성명:	(서명)	성명:	(서명)

2-2. 평가자 의견(역량 평가)

1차 평가자		2차 평가자	
등급의견	S A B C D	등급의견	S A B C D
성명:	(서명)	성명:	(서명)

평가결과 면담	
면담일:	
평가자:	(서명)
피평가자:	(서명)

그림 4-3 평가양식 예시- 2page(성과평가 부분)

20××년 상반기 인사평가 - 성과평가

1. 20×× 상반기 업무목표 및 실적

구분		내용	가중치	자기평가	평가자 평가		
					1차	2차	계
목표 기술	업무						
	자기 계발						
실적 기술	업무						
	자기 계발						

그림 4-4 평가양식 예시 - 3page(역량평가 부분)

20××년 상반기 인사평가 - 역량평가

2. 20×× 상반기 역량평가

구분	항목	가중치	항목의 정의 및 평가기준	자기평가	평가자 평가		
					1차	2차	계
핵심공유가치							
	소계	0		공통역량 계			
리더십							
	소계	0		공통역량 계			
직무역량							
	소계	0		직무/전문역량 계			
	총계			총계			

2-1. 본인 역량 분석/평가

강점	보완점

즉, 업무목표는 업무를 진행하는데 필요한 내용과 목표수준의 기준으로 활용하였으나 그 기재사항이 절대적인 것은 아니었다. 기업의 사업진행이 외부환경의 영향을 많이 받을수록 수정되는 내용이 많아질 수밖에 없다는 점을 인정하면 유연한 운영이 가능하다.

역량평가 양식을 사용한 역량평가의 요소 항목도 업무목표 설정 시 평가항목을 설정하여 미리 작성하게 하였다. 핵심공유가치는 Visioning에 의한 핵심공유가치를 얼마나 실천하는가에 대한 평가항목이다. 직무역량은 평가대상자가 담당하는 직무의 수행 시 필요한 역량항목을 기재하도록 하였다. 또한 팀장이나 프로젝트 리더 역할을 수행하는 직원에 대해서는 리더십항목을 추가하도록 하였다. 핵심공유가치와 리더십역량은 인사담당부서에서 지침을 주어 일괄적으로 동일하게 작성하도록 하였다. 이를 위해 조직운영전략에 해당하는 항목 중에서 평가대상기간에 중점적으로 전사 직원들에게 요구하는 항목을 동일하게 기재하도록 하기 위한 목적이었다. 이를 통해 제시된 운영 방향성과 가치를 실천하도록 유도하는 기능을 하도록 하였다.

직무역량은 해당 부서의 업무를 관리하는 부문장 또는 팀장과의 협의를 통해 개별적으로 설정하도록 하였다. 이렇게 설정한 취지는 해당 업무를 가장 잘 아는 부서에서 스스로 결정하여 실행하도록 하기 위한 목적이었다. 실제 작성된 항목들을 보면 전사적 관점에서 잘 맞지 않거나 평가취지에 적합하지 않은 항목들이 발견되었다. 그러나 운영에 큰 문제가 되지 않는 사항이라면 그대로 인정하고 진행함으로써 각 부서의 권한과 책임을 인정하였다. 조직운영전략상 평가요소에 관한 정합성보다는 각 부서에 책임과 권한을 주는 임파워링이 더 큰 전략항목이었기 때문이다. 실제 수정을 요구한 경우는 한 건도 없었으며, 이렇게 진행하더라도 평가의 결과가 전사적인 큰 방향성에 어긋나게 진행된 경우는 없었다. 실제 제도를 설계하고 운영하는 과정에서 작은 디테일에서는 무수한 문제가 발견될 것이다. 그렇더라도 큰 흐름에 문제가 되지 않는다면 수정보완하기 보다는 과감하게 원안대로 진행하는 결단도 필요하다는 것을 이해할 것이다.

── 무엇을 평가할 것인지 정하자

무엇을 평가할 것인가 라는 문제는 평가의 요소에 대한 내용이다. 6하 원칙에 맞추어 인사평가제도를 설계하는 마지막 항목이 무엇을 평가할 것인가에 관한 것이다.

설명하자면 평가 대상자를 평가할 때 무엇을 측정하여 높거나 낮은 평가를 할 것인가에 관한 것이다. 조직에서 실적을 중시한다면 실적으로 요소를 설정하면 되고, 보유역량이 중요하다면 역량을 요소로 설정하면 된다. 평가요소를 정하기 위해서는 당연히 조직에서 요구하는 것이 무엇인지 파악하는 작업이 선행되어야 한다. 따라서 평가요소의 설정은 기업의 Visioning 작업과 밀접한 관계를 갖고 있는 것이며, 조직운영전략이 구체적으로 서술되었다면 이미 이 부분이 포함되어 있을 가능성도 높다.

일반적으로 평가의 요소는 성과, 역량, 인성으로 구분된다. 성과는 업적이라고도 부르며 업무결과에 따른 금전적 이익이나 달성률 등으로 표현되는 것들이다. 역량은 내재적 특성이나 그 측정은 행동으로 표출된 특성을 기준으로 판단하게 된다.

성과, 역량, 인성은 모두 필요한 것이다. 그러나 이를 모두 사용할 수는 없다. 따라서 현재 조직에서 중요하게 작용하는 것이 무엇인지 선별하는 과정이 필요하다.

표 4-8 평가의 요소

평가요소		세부내용(예)
1. 업적 중심의 평가요소		업적의 양적 측면, 업적의 질적 측면
2. 행동 중심의 평가요소	2.1 자격요소	업무관련 전문지식/전문기술 수준
	2.2 의지적 요소	업무에 임하는 자세, 책임성 있는 행동, 열의와 시간관리, 업무추진력, 스트레스 내성
	2.3 사회적 행동	협동, 관리행동, 접촉행동(고객 및 거래처)
3. 인성적 특질		적극성, 예의성, 인간미, 도덕성, 창의성

평가항목을 몇 가지로 가져갈 것인지는 평가 대상자의 과업 특성이나 기업의 업종 특성에 따라 정해야 할 내용이지만, 일반적으로 평가항목이 많아지는 경우 평가업무가 비효율적으로 진행된다는 단점이 있다. 따라서 필요한 요소를 선별하되 실행을 수월하게 하기 위해서는 개수의 한계를 설정하여 그 이하로 평가항목을 관리하는 것이 좋다. 일반적으로 7개 정도가 좋고, 많아도 10개를 초과하지 않는 것이 좋다고 한다. 개별 항목의 세분화 정도에 따라 그 수를 적정하게 관리하는 방안이 좋을 것이다.

정리하자면 예시한 항목들 중 모든 것을 평가대상으로 하기에는 무리가 있다는 얘기다. 어떤 것을 평가하고, 어떤 것을 평가하지 않을 것인가 하는 문제는 다시 Visioning의 결과물인 핵심공유가치와 조직운영전략으로 돌아가 이를 기준으로 판단해야 한다.

── 정량평가와 정성평가에 대해 이해하자

업적 중심의 평가를 우리는 성과평가라고 한다. 업적을 평가할 경우 사전에 목표를 세워 해당 목표에 부합하는 결과를 냈는지 여부로 평가하는 방식이 있고, 사전에 목표를 세우지 않고 평가기간 내 수행된 업무성과를 사후에 기술하여 그 성취수준만을 평가하는 방법이 있다. 또한 목표를 수립하는 방법으로 단순 MBO[10]에 따른 목표관리가 있고, BSC[11]에 기반한 목표관리가 있다. 양자는 상반되는 개념은 아니나, 상호 보완여부에 따라 실제 평가대상이 달라질 수 있는 상황을 내포하고 있어 성과를 무엇으로 볼 것인지에 대한 차이를 수월하게 설명하기 위해 대비하는 개념이다. MBO를 하더라도 업무목표를 설정하는 과정에서 BSC에서 설명하는 목표수립 단계를 거친다면 양자는 큰 차이가 없기 때문이다.

두 제도에 대한 자세한 사항은 별도로 설명되는 서적을 참고하면 된다. 두 제도의 가장 큰 차이는 단순 MBO에서의 목표는 개인과 조직 간 합의한 목표 그 자체에 대한 달성여부가 중요하나, BSC에서는 개인의 목표가 조직의 목표를 달성하기 위한 과정이자 도구인 상황이므로, 상위부서의 목표나 조직전략에 따라 개인의 목표달성 여부는 달라지는 경우가 있다. 따라서 후자의 경우 목표달성도라는 의미보다는 조직목표에 대한 개인의 기여도 측면에서 파악하는 것이 양자의 구분을 이해하는 데 도움이 될 것이다.

---

10 목표에 의한 관리(MBO, Management By Objective)는 기존의 상사에 의한 부하의 업적 평가 대신 부하가 자기 자신 혹은 상위자와의 협의에 의한 양적으로 측정 가능한 관리기법이다. 피터 드러커가 《경영의 실제》에서 주장한 방법이다.

11 균형성과표(BSC, Balanced scorecard)는 과거의 성과에 대한 재무적인 측정지표에 추가하여 미래성과를 창출하는 동안에 대한 측정지표인 고객, 프로세스, 학습과 성장에 대한 지표를 통하여 미래가치를 창출하도록 관리하는 시스템이다.

평가제도를 설계함에 있어 최근의 추세는 조직성과와 연계되지 않는 개인의 성과에 대한 비중을 크게 두지 않는 방향이다. 따라서 업무의 결과를 따지는 성과평가는 개인별 업무 결과를 측정하여 자체의 측정결과와 조직성과에 대한 기여도를 판단하여 반영해야 한다. 그러나 모든 것을 측정하여 정량화 한다는 것이 매우 곤란한 경우가 많다. 생산수율과 불량률 등을 관리하는 생산부서에서는 해당 지표의 양적 측면으로 정량적인 평가를 하는 반면, 직원사기 제고를 목표로 업무를 진행한 노무관리부서에서는 업무결과의 양적인 면으로 측정하기가 쉽지 않다. 즉 질적인 면을 평가하는 정성적 평가가 병행되어야 한다는 것이다. 따라서 전사 모든 구성원이 일률적으로 정량적이거나 정성적인 목표를 세울 수는 없으며, 업무의 특성에 따라 양자를 적정 비율로 혼합하는 방식으로의 설계가 필요하다.

또한 행동중심의 평가요소로 판단하는 역량평가 항목은 인재상의 역량에서 언급한 내용을 기준으로 작성하면 될 것이다. 이에 대해서는 인사평가제도 중 행위를 기준으로 하는 BARS(행위기준평가법)나 BOS(행위관찰평가법)로 응용하면 수월할 것이다.

또한 인성적 특질도 조직성과에 영향을 미치는 부분이 있다면 역량평가에 반영이 가능하다. 단, 해당 특질이 발현되는 행동을 기준으로 작성되어야 평가가 가능하며, 단순히 '도덕성', '적극성'과 같이 추상적인 단어만 사용하고 이에 대한 구체적 설명을 행위 기준으로 작성하지 않는다면, 평가결과가 평가자의 주관에 좌우되는 결과가 도출되어 평가의 신뢰성을 낮출 가능성이 높아진다.

정량적 평가에 비하여 정성적 평가는 자칫 평가자의 자의적인 의견으로만 평가가 진행된다는 비판이 있을 수 있다. 이에 정성평가의 정량평가화에 관한 기술을 한 가지 소개하고자 한다. 경영학의 대가로 알려진 피터 드러커(Peter Drucker)는 "측정할 수 없다면 관리할 수 없고, 관리할 수 없다면 개선할 수 없다"는 말을 했다고 한다. 이를 문구 그대로 해석하면 정량적인 관리가 되어야 좋은 경영이라는 인식이 가능하다. 또한 인사평가를 "개인의 실적을 측정하여 성과의 고저를 판단하고, 해당 성과의 원인(환경, 역량)을 분석한 후 개선을 통해 향후 현재보다 높은 성과를 내고자 하는 기업의 활동"이라고 정의한다면, 직원들의 모든 실적은 측정이 되어야 한다는 결론에 도달한다. 그러나 측정 방식을 기계적인 측정(오차율, 수율, 직행률, 이직률, 산재율 등) 만이 아니라 직원만족도조사(Employee Satisfaction survey) 또는 직원의견조사(Employee Opinion Survey)를 비롯하여, 정성적인 부분을 리커트척도를 활용하여 평가 전에 정량적으로 환산할 수 있다면 이것도 평가단계에서는 측정된 수치인 정량평가와 유사하게 평가가 가능할 것이다.

그리고 인력 채용 시 활용 가능한 방법을 소개하자면, 채용 평가 시 개인의 인성과 적성에 대한 부분도 통계분석을 응용하여 개발된 인적성검사를 활용하는 방법이 가능하다. 인적성검사 자체가 전문가들에 의해 장기간 축적된 data를 활용하여 특정 개인의 정서성향이나 적성의 통계적 위치를 정량적으로 제공한다는 장점이 있다. 또한 선발 대상자의 인적성검사 결과 수치와 기존 재직자 간 수치의 상호 비교를 통한 비교 평가도 가능하다. 인성과 적성이라는 부분은 개개인을 대상으로 할 때는 정성적인 평가만이 가능하나 외부기관을 통한 인적성검사를 통해 정량적 data로 전환이 가능한 것이다.

이처럼 채용단계에서는 인적성검사를 비롯하여 Big data와 AI를 활용한 채용대행 프로그램을 통해 정성평가에서 정량평가로의 전환이 가능한 부분이 있으니, 필요한 경우 활용할 수 있는 프로그램을 검토해 볼 필요가 있다. 제도를 설계하고 운영하는 담당자 입장에서 측정이 가능한 부분을 최대한 측정하고자 하는 노력은 필요하다고 판단되며, 이런 것들이 반영된 제도를 설계하면 타부서 또는 경영진의 동의를 이끌어내기 쉬워진다는 장점이 있으니 활용하기를 추천한다.

—— 평가등급 부여방법을 정하자

평가결과를 무엇으로 표시할 것인가

인사평가를 한 후 결과를 어떤 방식으로 표시해야 하는지에 대한 설명을 하고자 한다.

인사평가의 결과는 점수로 표출하거나 A등급, B등급과 같이 범주화할 수도 있다. 특수한 경우가 아니라면 등급으로 표기하는 방식이 일반적이다. 성과급 프로그램에서 개인의 실적을 구체적으로 측정하여 보상프로그램에 적용하는 경우라면, 정량적인 실적 측정의 방법을 개발한 후 구체적인 계산법에 의해 보상과 연계할 수 있을 것이다. 그러나 대부분의 인사평가 내용이 정량적으로만 이루어지기 어렵다고 전제하는 것이 현실적이므로, 정성평가를 가미한 부분에 대한 평가 대상자의 수용성을 높이기 위하여 구체적인 점수보다는 등급으로 표현하는 것이 유리한 면이 있다. 구체적으로 점수 표시를 하는 것과 등급으로 표시하는 방법의 장단점이 있어 어떤 방식을 채택해도 무방하다. 그러나 제도설계 초기와 같이 모호한 경우에는 단점을 줄이는 방안도 바람직하며, 어차피 장점과 단점이 혼재되어 있다면 운영하기 쉬운 방법을 선택하는 것도 의사결정의 유용한 기준이 될 수 있을 것이다. 또한 교육훈련의 설계에 연계하기 위한 평가의 경우 점수나 등급이 아닌 서술형으로 결과를 기재할 수도 있을 것이다.

평가요소가 복수인 경우 결과표시 방법

복수의 평가요소를 평가한 후 최종적으로 평가결과를 어떤 방식으로 표시해야 할까. 만약 인사평가의 요소를 한가지로 정한다면 해당 결과를 최종 결과로 반영하면 될 것이나, 평가의 요소를 복수로 가져가는 경우 복수의 평가결과를 어떻게 최종평가에 반영할 것인지에 대한 기준을 정해야 한다.

복수의 평가 대상을 설정하더라도 그 목적이 별개의 것이라면 별도로 결과를 도출하는 것도 방법이다. 예를 들어 성과평가는 연봉조정에 반영하고 역량평가는 승진/승급/교육훈련에 반영한다면 양자를 통합하여 종합평가등급을 도출할 필요성이 없다는 의미이다.

조직의 성과에 개인의 성과가 중요하다면 성과평가만 진행하거나, 복수의 평가를 진행하되 성과평가의 가중치를 높게 설정하면 된다. 반대로 조직의 성과에 구성원의 역량이 중요하다면 역량평가만을 진행하거나 역량평가의 가중치를 높이는 방법을 사용한다.

표 4-9 종합평가등급 산정 예시

평가 대상자	역량평가	성과평가	내용
부장	30%	70%	• 상위 직급은 조직성과에 직접적으로 기여가 필요하므로 업적을 강조
차장	40%	60%	
과장	50%	50%	• 하위 직급은 학습단계이므로 업적보다는 역량을 강조
대리	60%	40%	
사원	70%	30%	

기존 재직했던 회사에서는 성과평가와 역량평가를 진행하였고, 이를 통합한 종합평가등급으로 최종 평가등급을 도출하였다. 두 가지

요소를 반영하되 하위 직급자는 직접 본인이 내는 성과가 조직성과에 미치는 기여도가 상대적으로 작으므로 역량평가의 반영비율을 더 높게 하였다. 그리고 상위 직급으로 올라갈수록 개인의 성과가 조직의 성과에 미치는 영향이 커진다는 전제로 점차 성과평가의 비중을 높이는 방향으로 종합평가등급 산정의 기준을 정하였다.

조직(팀)평가 반영하기

역량평가는 철저히 개인에 대한 평가이므로 문제되지 않지만, 성과평가에 있어서는 개인이 수립한 목표가 100% 이상 초과 달성되면 과연 조직성과에 그만큼 기여했다고 볼 수 있는가라는 질문이 가능하며, 우리는 이에 대한 답을 미리 준비하여야 한다.

만약 개인 성과가 조직성과로 이어지는 보험영업이나 방문판매와 같은 직종에서는 개인의 성과가 조직의 성과로 이어진다고 보아도 무방할 것이다. 그러나 간접부서 소속 직원이거나 일반적인 조직의 대부분의 직종에서는 개인성과가 조직성과로 그대로 이어지지 않는 경우가 발생한다. 특히 개인의 성과를 개인이 수립한 목표에 대한 달성정도가 아닌 '조직의 성과에 대한 기여도'라고 정의한다면 측정 방법 자체가 달라져야 한다. 개인이 조직의 성과에 기여했다면 조직의 성과가 우수하게 나타날 것이다. 따라서 이 경우에는 평가 대상자가 속한 조직의 성과를 측정한 후 그 결과가 개인의 성과평가에 영향을 미치도록 하는 제도 설계가 필요하다. 물론 내용이 복잡해지므로, 제도 설계 시 채택 여부는 의사결정 사항이다.

소속부서의 성과평가 결과에 따라 소속부서 내 개인평가의 범위를 정했던 예를 소개하고자 한다. 조직평가를 개인평가에 반영한 것은 기여도를 중요시 한다는 측면과 함께 기업의 핵심공유가치 중 하나인 '협업'의 중요성을 반영한 것이기도 하다. 개인의 성과가 아무리 뛰어나더라도 소속되어 있는 조직의 성과가 없으면 개인의 성과를 그대로 인정할 수 없다는 신호를 구성원들에게 전달하고자 하는 의미도 강하다고 할 수 있다. 자신의 성과를 달성하고도 추가 여력이 있는 직원들은 협업을 통해 동료가 제 몫을 하도록 지원함으로써 전체적인 조직성과를 향상시켜 좀 더 좋은 평가를 받을 수 있는 기회를 제공하는 의미도 포함되어 있었다.

표 4-10 조직평가의 개인 인사평가 반영 예시

조직평가 \ 개인평가	S	A	B	C/D
S/A	10%	20%	60%	10%
B	5%	15%	60%	20%
C/D	-	10%	60%	30%

조직평가는 제조/개발부문, 생산/품질부문, 관리부문으로 구분하였다. 조직평가에서 S 또는 A등급을 받은 경우 구성원에 대해 S등급을 10%까지 부여할 수 있게 설계하였다. 반대로 C 또는 D등급을 받은 경우 해당 부서에서는 S등급을 부여할 수 없게 하였다.

이와 같은 설계를 했던 배경을 설명하면, 회사는 금전적으로 성과가 명확하게 산출되지 않는 업종이었다. 직원 개개인의 역량과 협업을 통해 전사적인 성과가 도출되는 관계로 정성적인 측면의 성과평가

가 많이 이루어졌다. 회사의 전체성과에 어떤 기능을 담당하는 부문이 더 많은 기여를 했는가에 대한 평가는 정량적 측정이 불가능하여 임원들 간 논의를 통해 정성적인 평가가 진행되었고, 각 조직의 성과를 평가한 후 이를 개인의 인사평가 등급 산정에 반영하는 방식으로 설계를 하였다. 이 방식의 한계는 역량평가에는 반영이 곤란하다는 점이다. 따라서 성과평가에만 반영하거나 성과와 역량평가를 합산한 종합평가에 반영하는 방식으로 활용이 가능하다.

평가 단계별 가중치 반영하기

보통 인사평가는 상사 1명의 평가만으로 마무리하지는 않는다. 인사제도를 설계하고 실행하는 이유는 주먹구구식으로 운영할 때 발생하는 각종 오류를 배제하고자 시스템을 도입하는 것인 데 반해, 특정 개인에게 전적으로 평가를 맡기는 경우 각종 오류가 발생할 가능성이 높기 때문이다. 따라서 평가의 단계는 2차 또는 3차에 걸치는 경우가 많다. 그렇다면 각 차수별 평가자의 평가의견의 반영방식이나 비율을 설정해야 한다. 하위 평가자의 의견을 단순 의견제시로 보고 최상위 평가자가 최종평가등급을 부여한다면 1인이 평가하는 것과 다르지 않아 각종 오류에 노출되는 결과를 낳게 된다. 따라서 이를 방지할 수 있는 장치 마련이 필요하며, 이 중 가장 쉬운 것은 가중치 설정이다.

평가 대상자에 관한 사항을 가장 잘 아는 이는 직속상사인 경우가 많다는 점에서는 직속상사에게 높은 가중치를 주는 것이 효과적이다. 그러나 조직의 운영철학과 전략에 대해 가장 잘 이해하고 있는 이는 임원진인 경우가 많다는 점에서는 최종 평가자 또는 CEO가 높은 가중치를 갖는 것이 효과적이다. 따라서 어떤 것이 자신의 조직에 적합한지 검토하고, 적절한 가중치를 부여하는 노력이 필요하다. 아래 예시로 소개한 평가 가중치 설정 내용은 필자가 실제 설계하였던 평가 가중치를 예시한 것이다. 기재된 조정권자는 조직평가의 결과와 정해진 기준에 의해 구체적 사유를 들어 조정이 가능한 것이다. 따라서 단계를 거쳐 산출된 평가점수 또는 등급을 무시하고 임의적인 조정을 할 수는 없게 설계되었다.

표 4-11 평가 가중치 설정 예시

| 평가자별 가중치 설정 | | | | | | |
평가자 대상자	1차 평가자		2차 평가자		조정권자	승인권자
팀장	직상위 임원	60%	차상위 임원	40%	대표이사	
팀원	팀장	60%	직상위 임원	40%	차상위 임원	대표이사

- 평가자 및 조정권자를 설정함에 있어 상기 기준에 부합하지 않는 경우, 다음의 원칙을 적용함
  - 팀장: 2차 평가를 실시하는 차상위임원이 없을 경우, 1차 평가 임원이 100% 평가권 행사(대표이사 조정권 부여)
  - 팀원: 대표이사를 제외한 임원이 1명인 경우, 1차 평가자인 팀장이 100% 평가권 행사(해당임원에게 조정권 부여)
  - 이외 Case의 경우, 각사 인사담당부서에서 상황에 맞게 설정할 수 있음
- 조정권자와 승인권자는 관할 조직의 당해년도 성과목표 달성도를 고려하고, 팀장 또는 팀원 개인의 잠재역량 등을 고려하여 평가등급을 부여함
  - 1차 평가자의 평가성향(중심화/관대화/가혹화), 성과기여도, 인력의 질적 수준 고려
- 관할 팀들의 팀평가 결과에 따라 배정된 비율 내에서 조정 가능
  - 평가조정권자는 상대평가가 종료된 후, 관할 팀들의 평가등급을 참고하여 해당 팀원들의 평가등급을 정해진 비율 내에서 1등급 조정할 수 있도록 함

（2장）

보상제도 설계하기

—— 총보상 개념으로 접근하자

중소기업에서 보상의 개념을 정의한다면 보통은 임금만을 의미하는 경우가 많다. 좀 더 구체적으로 보면 고정적인 월급(연봉)과 가변적인 성과급 정도로 구분하는 것이 일반적일 것이다. 이런 일반적인 상식 외에 인사담당자라면 보상의 분류에 따른 보상의 종류를 어느 정도는 이해하고 있는 것이 보상 설계를 하는데 필요한 전제이다. 임금 외 보상에 대한 인식이 중요한 이유는 중소기업에서 모든 것을 금전으로 보상할 수도 없기 때문이다. 또한 구성원의 입장에서도 단순히 금전적 보상 수준만을 높인다고 해서 무조건 만족하지는 않는다는 점을 이해할 필요가 있기 때문이다.

그림 4-5 **보상의 분류**

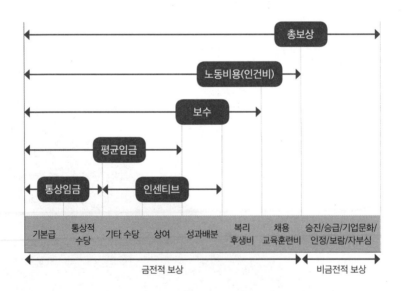

—— 보상에 관한 심리학 이론을 이해하자

보상에 관한 제도설계를 하면서 염두에 두어야 하는 사항은 보상전략을 어떤 목적으로 설계하고 운영할 것인가에 관한 문제이다. 보상 중 금전적 보상에 관한 세부적인 설계내용에 포함될 내용은 별도로 설명하기로 하고, 그 전에 전체적인 보상설계에 적용되는 이론을 간략하게 살펴보고자 한다. 보상은 조직이 개인에 대해 요구하는 사항에 대한 반대급부의 성격을 갖고 있다. 따라서 보상이라는 과정을 이용하여 구성원이 조직의 기대에 부응할 수 있게 하는 유인수단이 되어야 한다는 것을 의미한다.

조직 구성원이 조직의 기대에 부응하려는 노력을 하게끔 동기를 부여하기 위한 방법으로 다양한 이론들이 존재한다. 이런 동기부여 이론들은 크게 내용이론과 과정이론으로 구분되며, 매슬로우의 욕구단계론, 허츠버그의 2요인이론, 맥클라랜드의 성취동기이론, 알더퍼의 ERG이론, 맥그리거의 X/Y이론, 브룸의 기대이론, 아담스의 공정성이론, 로크의 목표설정이론, 스키너의 강화이론 등 다양하다. 이중 보상에 대한 제도를 설계함에 있어 고려할 사항이 무엇인지 직접적으로 설명 가능한 공정성이론과 기대이론을 보상제도 설계라는 측면에 접목하여 소개하고자 한다. 나머지 이론들도 각자 별도로 찾아서 읽어보고, 각자의 소속 조직에 필요한 부분을 반영해 본다면 인사담당자로서의 성장에 많은 도움이 될 것이라 예상한다.

첫 번째로 공정성이론을 소개하면, 본인의 기여 대비 보상수준이 낮다고 인식하면 스스로 불공정을 해결하기 위한 행동을 하게 된다는 이론이다. 간단히 말하면 임금불만족이 생산성을 낮추는 결과를 내게 된다는 데 의미가 있다. 반대로 기여 대비 보상수준이 높다고 인식하면 더 기여하려는 노력을 하게 된다. 그러나 개인 역량의 한계가 있는 상황에서 조직에 대한 기여를 높이려는 노력만으로 실제 더 큰 기여를 할 수 있는지는 의문이다. 따라서 임금 불공정의 두 가지 형태 중 과대보상 시에는 기여의 증가가 미미하나 과소보상 시에는 기여의 저하가 불공정하다고 느끼는 비율만큼 발생하므로 조직 전체로 보면 생산성 저하가 발생하게 된다는 설명이 가능하다.

표 4-12 공정성이론 모형

자신	비교대상	결과	행동변화[12]
보상/투입 <	보상/투입	불공정 인식 (과소보상)	투입 하향조정 보상 상향조정 요구
보상/투입 =	보상/투입	공정함 인식	현재 투입 유지
보상/투입 >	보상/투입	불공정 인식 (과다보상)	투입 상향조정 노력

물론 임금제도를 어떻게 설계하더라도 불만을 완전히 없앨 수는 없다. 실질적인 해결책을 모색하자면, 제도 설계 과정에서는 구성원을 참여시킴으로써 설계된 결과에 대한 수용성을 높이는 방법이 있다. 제도 운영 과정에서는 정해진 규정과 절차를 철저히 준수하면서 예외사항을 만들지 않는 것 자체로 이 부분을 어느 정도는 제거할 수 있을 것이다.

---

12 불공정 인식에 대한 행동변화는 5가지 형태로 나타나며, 구체적으로 환경의 변경(조직이탈), 비교대상의 변경, 투입의 변경, 산출의 변경, 태도의 변경(인지왜곡)이며, 여기서는 직접적인 내용만 언급하였다.

두 번째로 소개할 것은 기대이론이다. 간단히 요약 설명하면 어떤 노력을 하여 일정 수준의 성과를 냈을 때 그로 인하여 기대하는 바가 이루어져야 지속적이고 추가적인 노력을 한다는 것이다.

표 4-13 기대이론 모형

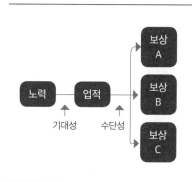

- 기대성: 일정한 노력을 기울이면 일정한 수준의 업적을 올릴 수 있으리라 믿는 가능성(0~1)
- 수단성: 어떤 업적을 올리면 그것이 바람직한 보상으로 연결된다고 믿는 가능성(0~1)
- 유의성: 궁극적으로 얻게 되는 보상이 개개인에게 얼마나 매력적인가를 나타내는 것(-1~1)

기대이론에 의하면 동기부여가 되기 위해서는 기대성, 수단성, 유의성의 3가지 요인이 충족되어야 한다. 여기서는 이해의 편의를 위하여 기대이론의 세 가지 요인 중 기대성을 하나의 단계로 하고, 수단성과 유의성을 하나의 단계로 묶어 개인의 주관적인 평가 단계를 두 가지로 설명하고자 한다.

첫 단계는 노력을 하면 업적을 낼 수 있을 것이라는 기대가 존재해야 한다는 것이다. 개인 목표의 기준이 되는 사업계획의 적정성 문제를 예로 들어 설명하고자 한다. 대기업은 사업계획을 전담하는 조직이 있고, 체계적인 과정을 통해 전사적으로 해야 할 일과 목표가 설정된다. 그러나 대부분의 소기업들은 전년도 실적을 기준으로 대략 30% 또는 50% 정도 상향된 매출액을 설정하고 사업계획을 수립한다. 실제 경영환경이나 구성원의 역량으로 불가능한 것을 알고 있으면서도 희망사항과 같은 무리한 목표를 세우는 것이다. 이 경우 매출을 담당하는 영업부서나 불가능한 업무를 수행하게 된 직원은 업적 달성에 대한 기대가 없는 경우 해당 목표달성을 포기하는 상황이 발생한다. 따라서 목표달성을 위한 노력 자체를 하지 않게 된다는 것이다.

두 번째 단계는 해당 목표의 달성이 본인에게 의미 있는 보상을 얻기 위한 수단으로 작용해야 한다는 것이다. 즉, 목표달성은 보상으로 이어져야 하고(수단성), 그 보상은 업적달성을 위해 노력한 당사자가 의미 있게 생각하는 것이어야 한다(유의성)는 것이다. 만약 열심히 노력하여 목표를 달성했는데 그에 대한 보상이 없거나, 아니면 원하지 않는 보상이 이루어진 경우이다. 예를 들어 본인은 성과에 대한 보상으로 인센티브와 연봉인상을 원했는데 회사에서는 추가적인 금전보상 없는 승진과 해외연수의 기회를 부여하는 경우를 들 수 있다. 그다음부터는 목표 달성을 위한 노력을 하지 않게 된다는 것이다.

첫 번째 단계는 성과평가의 목표설정과 관련된 내용이고, 두 번째 단계는 보상의 여부와 종류에 관련한 내용이다.

필자가 재직했던 회사에서의 실제 사례를 소개하자면, 생산직으로 근무하던 중 눈에 띄는 성과를 낸 직원이 있어 회사의 관리직으로 발령을 낸 상황이 있었다. 회사에서는 생산직 직원을 관리직으로 전환시키는데 있어 매우 고민을 하여 결정하였다. 그 결정은 장래 본인 Career를 위해서도 상당히 유익한 것이었고 당장 기본급도 30% 이상 상승하는 매우 파격적인 대우였다. 그러나 그 직원은 얼마 후 다른 회사의 생산직으로 이직하기 위해 사직서를 제출하였다. 그 직원 입장에서는 기본급은 상승하지만 연장근무수당을 제대로 계산해서 받지 못하는 관리직의 특성으로 인하여 실질적인 수령 임금은 변동 폭이 크지 않았다. 또한 스스로 오랜 기간 직장생활을 할 계획이 아니었으므로 관리직 Career를 특별히 원한 적도 없었지만, 회사의 제안을 듣고 막연히 좋은 것으로 판단하여 수락했던 것이다. 그러면서 생산직에 있을 때는 필요하지 않았던 회의참석이나 각종 보고서 작업을 추가로 해야 하는 부담이 생긴 것이었다. 결과적으로 기대성도 충족되었고 수단성도 충족되었다. 하지만 유의성 부분에서 역효과를 낸 것이다. 차라리 성과급을 조금 더 주는 것을 택했다면 해당 직원이 생산직 위치에서 지속적인 성과를 냈을 것이라는 아쉬움이 있다.

중소기업에서 다양한 보상 패키지를 마련한다는 것은 쉽지 않은 일이다. 하지만 보상 대상자의 성향과 회사의 needs를 적절히 반영한 유연한 보상형태로 운영하는 것은 직원의 동기부여 차원에서 매우 중요한 것이다. 또한 그 실행은 오히려 작은 조직에서 더 쉬울 수 있다는 점을 기억했으면 한다.

―― 임금제도를 설계하자

보상의 전체적인 내용이 중요하다고 하지만, 그럼에도 불구하고 가장 표면적이고 중요한 것은 역시 금전적 보상인 것임은 틀림이 없다.

중소기업에서 인사제도를 설계한다고 하면, 경영자가 가장 중요하게 인식하는 것이 '회사에 더 도움이 되는 사람에게 더 많은 보상을 하고 싶은데, 그 기준을 어떻게 설정할 것인가'일 것이다. 그에 따르는 문제가 '차별 보상의 근거와 기준을 어떻게 만들 것인가'이다. 즉, 평가와 보상 두 가지를 중요시한다고 하나 실제로 보상을 위한 평가를 생각하게 되므로 사실상 보상을 가장 중요한 것으로 봐도 무방할 것이다.

표 4-14 임금관리의 항목

항목	정의	내용
임금수준	직원들에게 지급되는 평균 급여 수준	선도전략, 동행전략, 추종전략
임금체계	임금의 결정방법과 구성 체계	결정: 연공급, 직능급, 직무급, 성과급 등 구성: 기본급, 수당, 상여금 등
임금형태	임금의 산정 및 지급방법	시급제, 월급제, 연봉제 등

금전보상 중에서도 고정급(기본급, 수당, 상여)과 변동급(성과급)의 기준이 중요하며, 이에 대한 해법은 임금관리의 3가지 항목인 임금수준, 임금체계, 임금형태를 정의하는 과정에서 정리될 수 있다. 임

금수준, 임금체계, 임금형태에 관한 내용은 많은 교재에 소개되어 있다. 그 내용들 중 각자의 상황에 적합한 제도를 취사선택하고, 여기에 세부적인 내용을 덧붙이는 수준으로도 완성도를 높일 수 있다. 본 섹션에서는 선택 가능한 종류에 대해 간략히 소개하고 구체적인 도입방안을 설명하도록 하겠다.

임금의 수준 정하기

임금수준이란 직원들에게 지급되는 평균 급여수준이라고 정의되며, 전체 인건비를 직원 총수로 나누는 방식으로 산정한다. 제도설계 단계에서는 임금테이블상의 금액으로 정의된다. 이론적 기반은 아담스의 공정성이론 중 외부적 공정성[13]을 확보하기 위한 논의로 분류할 수 있다.

여기에서는 동종 경쟁기업들과 비교 시 더 높은 임금을 지급하는 선도전략, 다른 기업들이 지급하는 수준으로 맞춰가는 동행전략, 타 기업들에 비해 낮은 수준으로 쫓아가는 추종전략으로 구분할 수 있다. 성장 단계에서 우수인재를 공격적으로 영입해야 하는 기업에서는 선도전략을 주로 선택하며, 추가적인 투자 없이 원가절감이 중요한 기업에서는 추종전략을 선택하는 것이 일반적이다.

소속 기업의 임금수준전략을 세우기 위해서는 동종업계의 임금수준을 확인할 필요가 있는데, 동종업계에 있는 유사수준의 기업들의 임금수준을 확인하기 위해서는 온라인상 평균임금 정보를 공유하

---

13 아담스의 공정성이론에 의한 공정성 중 비교대상이 조직 내부인지 외부인지에 따라 내부공정성과 외부공정성으로 구분한다. 외부공정성은 본인의 투입대비 보상수준과 타 조직 동종 직종 근로자의 투입대비 보상수준을 비교하게 된다.

는 크레딧잡과 같은 사이트를 활용하는 방법이 일반적이다. 그러나 온라인상에 올라있는 정보는 업체 간 비교는 가능할 수 있으나 세부 기준이 모호하여 구체적인 임금수준 설계에 활용하기에는 도움이 되지 못하는 것이 현실이다. 따라서 인사담당자 본인의 정보력을 통해 타사의 임금테이블을 구하는 것이 가장 좋은 방법이나 이 또한 현실적으로 쉽지 않은 작업이다. 추가적으로 활용 가능한 방법은 각 기업이 채용사이트에 채용공고 등록 시 올린 급여수준을 개별적으로 취합 정리하여 활용하거나 온라인상 급여정보가 공개되어 있는 커뮤니티를 활용하는 방법도 유용하다.

주의할 점은 해당 내용들이 대부분 급여 수령자의 입장에서 작성되었다는 점에서 통계표본의 본인급여 산정에 오류가 많다는 것을 감안해야 한다. 특히 자사직원의 동종업계 지인을 통해 습득한 정보라면 더욱 정확하지 않을 가능성이 높다. 또한 만약 구체적인 peer company가 설정되어 있다면 해당 업체의 자료를 구해야만 하나, 지금까지 설명한 내용 중 가장 어려운 작업일 수 있다.

따라서 동종업계의 일반적인 임금수준을 대략적으로 파악하여 자사의 수준을 정하는 전략을 짜는 것이 현실적일 수 있다. 이를 위해서는 통계청의 임금통계 자료나 한국은행 경제통계시스템의 임금통계 자료를 활용하면 전체적인 수준을 파악하는 데 도움이 된다. 임금수준은 기업의 예산과 밀접한 관계가 있고, 또한 일단 정해지면 하방 경직성을 갖고 있어 신뢰성 없는 자료에 기반하여 내용이 확정되면 향후 운영에 문제가 발생하게 된다는 점이 있기 때문이다.

만약 좀 더 정확하고 신뢰성 있는 자료를 활용하고 싶다면 한국경영자총협회의 연도별 임금사례총람을 참고하는 것도 좋은 방법이다. 자료 취합기관인 한국경총에서 구체적인 가이드를 주고, 업종/규모/직군/직급에 따라 각 기업의 인사담당자들이 개별 숫자들을 입력하는 방식으로 조사된 자료이므로 신뢰성이 상대적으로 높다. 물론 비용이 드는 방법이지만 객관적인 data를 확보하는 방법이므로 한 번쯤 참고자료로 사용해 볼만한 방법임에는 틀림없다.

현재 인사제도의 설계를 처음 진행하려고 하거나, 기존 제도를 보완하려는 시도를 하고 있다면 성장 단계에 있는 기업일 가능성이 높다고 판단된다. 이런 상황에서 비교대상 기업을 선정하는 경우 현재의 매출/종사자수 규모에 비해 큰 규모의 기업들로 설정해야 한다. 인재전쟁을 치를 경쟁자는 본인기업보다 소규모이거나 유사한 규모의 기업이 아닐 가능성이 높기 때문이다. 또한 외부에서 인원을 수혈하더라도 희소성이 높은 희귀 전문직종이 아니라면 현재 우리의 기업 규모보다 좀 더 큰 기업의 시스템을 경험해 본 인재를 대상으로 할 것이기 때문이다. 그들에 대한 유인책으로 임금수준이 역할을 해야 하기 때문이다.

마지막으로 한 가지 기억해야 할 것은 임금수준전략으로 채택해야 할 선도전략, 동행전략, 추종전략은 전사에 걸쳐 동일한 전략을 적용할 필요는 없다는 점이다. 전사의 모든 부서가 하나의 사업에 속해 있고 특정 직군의 편차가 없다면 하나의 전략으로 원활한 진행이 가능하다. 그러나 복수의 사업이 병행되는 기업의 경우 기존 아이템에 대해서는 안정적인 운영을 하되 원가절감을 중시하는 전략이 적용되고, 신사업에 대해서는 과감하게 투자하는 전략을 사용하는 경우가 있다. 이런 경우에는 각 사업에 종사하는 인원에 대한 투자도 그 전략을 달리할 수 있다. 또한 기존 소비재 제조업을 영위하는 기업에서 새로이 IT분야의 진출을 모색하고 있는 경우라면 각 사업별로 다른 기준을 적용하는 것이 오히려 당연하게 여겨질 것이다. 다만 사업이 이원화되어 있다고 해도 기존 아이템을 운영하는 조직의 구성원들의 대체가능성이 현저히 낮은 상황이라면 해당 구성원들이 소외감을 느끼지 않도록 다른 측면에서의 적극적 인사관리가 필요할 것이다.

그림 4-6 **임금수준전략의 종류**

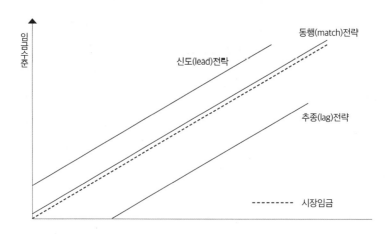

임금책정의 기준 정하기

임금책정의 기준을 정하는 것은 임금체계라고 하며, 내부 구성원들에게 지급되는 개별적인 임금을 어떤 기준으로 결정하고, 어떻게 구성할 것인지에 관한 것이다. 임금체계를 정하는 것은 아담스의 공정성이론 중 내부적 공정성을 확보하기 위한 논의이다.

표 4-15 임금체계의 종류

종류	보상 기준	장점	단점
연공급	학력/근속 호봉	조직의 안정적 운영에 유리	승진정체 발생 실적과 보상의 연계 약함
직능급	직무수행 능력	직급과 임금체계 분리 가능 외부 인재 유인에 유리	발휘되지 않은 능력 보상 고직급/고임금화
직무급	담당직무 가치	가치가 높은 업무에 역량 있는 직원 배치 가능	직무이동 곤란 직무가치 측정 어려움
성과급	직무성과	실적과 임금을 직접 연동하 므로 가장 명확함	성과측정의 신뢰성 문제 와 조직 안정성 약화

임금 수준의 경우에는 기업 내부의 경제적 능력과 외부 시장의 수준이라는 비교적 객관적인 상황이 고려되므로 실제 논의가 시작되면 결론은 비교적 쉽게 도출되는 경향이 있다. 그러나 임금 체계의 경우에는 선택할 수 있는 대안이 많고, 각 제도들마다 장단점이 있어 방향을 잡기가 쉽지 않다. 또한 특정 제도를 도입하는 경우 해당 제도를 실행하기 위하여 조직에 구현되어 있어야 할 선제 조건들이 있으므로 많은 논의과정을 거쳐야 할 필요가 있다.

최근의 인사관리 트렌드에 따른 임금체계 변화 방향은 연공급을 탈피하고 점차 성과 중심으로 이동하고 있다는 것이다. 이는 우리나라의 산업화 초기 일본식 종신고용의 조직문화를 갖고 있던 기업들이 20세기 말 IMF의 관리 경제 하에서 대규모 조직구조조정을 거치면서 본격화되었다. 또한 최근 최저임금의 꾸준한 상승에 따른 기업경쟁력 저하 방지를 위하여 정부가 제시하는 대안에도 이런 내용들이

포함되어 있다. 고용노동부에서 발간한 임금체계 개편 가이드에서
도 주요 선진국의 사례에서 "직무(또는 역할)를 근간으로 하면서 직
무능력과 성과를 가미한 형태의 임금체계가 증가하게 되고 특히 성
과에 따른 보상을 강화하는 경향을 보이고 있다"고 소개하며, 성과
연동형 임금체계로의 전환이 필요함을 강조하고 있다.

물론 성과급제가 경쟁을 조장하고 조직운영의 안정성을 해친다고
우려하는 부분도 있으나, 다행인 것은 실제 대부분의 조직이 이 중
어느 한 가지만을 선택해서 사용하고 있지 않다는 점이다. 예를 들
어 실적 기반의 보상을 추구하는 보험영업 담당자들마저도 일단 출
근만 하면 기본 급여를 지급하고 있고, 영업과 품질에 대한 공헌이
없는 관리부서의 직원들도 해당 사업부의 성과에 따른 집단성과급
은 공유하고 있다. 앞으로 다양한 직종이 함께 근무하며 협업을 통
해 성과를 창출해야 하는 조직들이 증가함에 따라 특정 개개인의 성
과를 자로 잰 듯 측정하여 보상한다는 것이 쉽지만은 않다. 그럼에
도 불구하고 성과 있는 곳에 보상이 발생하는 원칙은 점차 그 범위
가 확장될 것으로 보인다.
언급한 것처럼 임금체계는 주된 기준으로 선택된 항목이 있고, 다른
기준들이 보완되는 형태를 취하는 것이 일반적이다.

예시로 제시한 임금체계 혼합설계는 실제 필자가 재직했던 회사의
임금체계를 여러분의 이해를 돕기 위하여 가시적으로 분석한 내용
이다. 해당 회사는 역량급과 연공급을 혼합한 기본급 체계에 직무급
과 성과급을 가미한 수준의 임금설계가 있다는 것으로 볼 수 있다.
또한 기본급과 동일한 성격의 명절상여금과 의미 없이 지급되던 통
신비는 임금제도 개선 시 기본급에 통합하였다.

표 4-16 임금체계 혼합설계 예시

항목	내용	체계상 성격	비고
기본급	매년 역량평가 결과로 호봉을 조정하여 책정	역량급, 직능급, 연공급	연차인상+역량평가 반영
팀장수당	각 팀장 정액 수당	직무급	
R&D수당	연구/개발 직무 직급별 정액 수당	직무급	
명절상여금	추석/설 기본급 대비 정률지급	기본급과 동일	추후 기본급에 포함
통신비	임원/팀장/팀원 차등지급	통신요금 정액 지원	복리후생의 임금화 추후 기본급에 포함
PI 개인성과급	개인 성과평가 결과에 따라 일시지급	성과급	
PS 전사성과급	회사의 경상이익 초과달성분에 대한 분배	성과배분제도	임금체계에 관한 사항 아님

앞의 임금체계 종류에서는 설명되지 않았던 점을 한 가지 언급하면, 명절상여는 연공급의 성격 중 하나인 '필요급'의 성격을 갖고 있다는 점이다. 필요급이란 근로자가 근속기간이 길어짐에 따라 가정에서의 자금수요도 높아지므로 이에 대응하여 점차 임금을 높여주는 근거가 되는 임금책정의 기준이다. 이는 다시 임금피크제의 논리적 근거가 되기도 한다. 직원들이 명절에 특별한 자금수요가 있음을 근거로 하여 유지하던 것이 명절상여금이었으나 이를 분리하는 경우 매월 고정적으로 지급되는 임금이 줄어들게 되어 최저임금 인상의

압박을 받는 점도 기본급으로의 통합에 대한 이유가 되었다.[14]

이처럼 기업 내 필요에 따라 각종 수당을 통해 획일적 임금체계의 단점을 보완할 수 있다. 그럼에도 불구하고 가장 중요한 것은 기본급의 성격을 무엇으로 가져갈 것인가에 대한 것이다. 이에 대해서는 각 기업의 업종과 직종 구분에 따라 취사선택하는 방향으로 하되, 절대 하나의 제도만을 고집하지 말고 다른 제도들을 유연하게 적용하는 방향으로 설계한다면 직원들이 만족할 수 있는 임금체계를 설계할 수 있을 것이다.

또한 각 수당들은 임금체계상의 성격을 명확하게 파악하여 논리적인 필요성을 판단해야 하며, 필요성이 명확하지 않은 수당은 과감하게 통합 또는 폐지하는 것이 임금체계를 명확하게 하는 데 도움이 될 것이다.

임금의 지급형태 정하기

임금형태는 종업원에 대한 임금의 계산 및 지불방법을 의미하는데, 임금을 지불할 때 무엇을 단위기준으로 산정하는가를 나타내 주는 개념이다. 이에 대해 일반적으로 활용되는 것이 시간과 성과이다. 임금형태에서 말하는 실적급을 성과급이라고도 부른다. 그러나 실적급은 주로 업무실적을 기준으로 즉시 임금을 연동시키는 것을 의미하며, 주로 업무결과의 질을 기준으로 실행한 성과평가의 결과를

---

14 한시적으로 상여금의 일정 부분을 최저임금 산정 기준인 임금에 포함하게 되어 있으나 원칙적으로는 제외되며, 장기적으로는 결국 모두 제외하는 것으로 되어있다.

표 4-17 **임금형태의 유형**

항목	구분	내용
시간급	시급제	• 실적이나 업무완성 여부와 시간당 고정임금을 책정 • 수령임금액은 근로제공 시간에 비례함
	월급제	• 월별로 근태와 무관하게 고정적 임금액을 책정 • 임금관리가 수월하고 관리직에 많이 적용되는 형태
	연봉제	• 능력이나 업적을 기준으로 연간단위로 임금을 결정 • 특성상 임금체계 중 성과급과 연동하여 운영 가능
실적급		• 임금을 개인 또는 집단의 실적에 연동하여 산정하는 형태

임금에 반영하는 임금체계에서 말하는 성과급과는 의미상 차이가 있다.[15] 정량적으로 측정 가능한 업무결과의 양을 기준으로 임금이 책정된다면 내부적 공정성을 위해 성과급을 활용하는 것이 가장 적절할 수 있다. 전제에서 언급했듯이 직접 생산을 담당하거나 영업을 담당하며 다른 업무를 부여받지 않은 인원에 대해서는 그 적용이 명확하다. 반대로 담당업무가 혼재되어 있거나 타인의 업무를 관리하는 관리자에게는 그 적용이 쉽지 않으며, 조직의 운영기반을 조성하는 기획, 교육, 인사, 재무 등 업무에는 적용이 불가능하다.

생산부서의 공정 담당자를 사례로 소개하고자 한다. 생산성을 높이기 위한 동기부여를 위하여 임금형태 설계 시 Cell 공정 형태로 근무하는 직원들을 대상으로는 개별성과급을 설계하고, 컨베이어공

---

15 업무결과에 연동하여 임금을 책정하는 것을 성과급이라고 통칭하나 여기서는 실적과 임금이 즉시 연동되는 형태를 설명하기 위하여 별도로 실적급이라 칭하겠다.

정에 근무하는 직원들을 대상으로 집단성과급을 설계하여 적용하였다. 이를 통해 실적을 명확하게 측정하여 개인별 성과에 따른 성과급 형태로 진행한 사례를 갖고 있다. 성과급을 설계하면서 주의할 점은 생산실적에 100% 연동되는 임금형태는 임금안정성이 저하되는 결과가 발생하게 된다는 점이다. 고정급이 없으므로 상황에 따라 임금의 폭락이 가능하다는 것이다. 또한 저성과자에 대해 최저임금을 위반하는 결과가 발생할 우려도 있다.

이에 따라 실제로 모든 구성원은 최저임금 수준의 기본급을 보장받는 것으로 설계하였다. 그리고 구성원들을 실적에 따라 실적등급으로 구분하고 해당 등급별로 인센티브를 지급하는 형태로 제도설계를 하였다. 인센티브의 재원은 기존에 부여되어 있던 상여금 재원을 전용하였으며, 이 때 고민할 부분은 최상위 집단과 최하위 집단의 결과물의 양적 편차가 어느 정도인지를 예측한 후 그에 상응하는 인센티브의 수준을 책정하는 것이었다. 이를 위해 현장 관리자와의 협의가 매우 중요하였다.

포괄임금제 설계 시 주의할 점

1998년 이후 IMF 관리시기를 거치면서 우리나라 대부분의 기업이 연봉제 임금제도로 전환하였다.

연봉제란 개별종업원의 성과나 능력을 평가하여 연간 임금액을 결정하는 방식이며, 이에 따라 능력중시형의 임금지급체계를 뜻한다. 지급방식에 있어서는 사원에게 지급하는 임금을 1년분으로 묶어서 결정한다는 점에서 '연봉'이라는 용어를 사용한다. 연간 총금액을 계약금액으로 한다는 점에서 기존 월급제에 있었던 기본급, 각종 수당과 같이 세분화된 임금항목이 없으며 별도로 지급되는 상여금도 별도로 없는 것을 특징으로 한다.

연봉제의 개념 중 별도의 수당과 상여금 등에 대한 구분 없이 운영한다는 점에서 대부분의 기업들은 모든 수당을 포괄하는 포괄임금제 형태로 연봉제를 운영하고 있다. 기본급 외에 지급하는 상여금과 기타 수당들을 연봉에 포함할지 여부는 기업의 의사결정에 따라 달라지는 것이다. 노사 간 협약이나 취업규칙으로 정해야 하는 사안이기는 하지만, 중소기업에서는 실제로 노사 간의 협상절차가 없기 때문이다. 문제는 법적 지급의무가 있는 연장근로, 야간근로, 휴일근로에 대한 수당까지도 모두 연봉에 포함하는 실수를 저지르는 중소기업이 많았다는 점이다.

최근에 와서는 이와 관련한 많은 이슈들이 정리되어 설계에 대한 문제는 거의 발생하지 않고 있다. 노무사나 HR컨설턴트를 활용하여 현재까지 정리되어 있는 내용을 바탕으로 문제없게끔 제도를 설계해 준다. 설령 외부 전문가를 활용하지 않더라도 온라인상의 각종 정보를 활용하면 기업 내부에서도 설계가 가능하다. 다만 임금계산의 편의성과 직원들의 임금안정성을 목적으로 운영되던 포괄임금제가 장시간근로를 부추긴다는 문제제기로 인하여 최근 정부가 그 운영에 대한 감독을 엄격히 하기로 하였다. 발표 이후 이를 폐지하는 업체가 늘어나고 있다는 점을 감안하여 남들이 하니까 우리도 한다는 식의 도입보다는 직원들과의 소통을 통해 상호 win-win할 수 있는 방법으로 진행할 필요가 있다. 제도 자체가 약간의 편법적 요소가 있는 만큼 취지에 대한 상호 합의가 없는 경우 추후 문제가 될 소지가 분명히 있는 제도임에 틀림이 없다.

── 평가결과에 따른 임금조정 방식을 설정하자

회사가 보상의 기준을 역량으로 할 것인지, 성과로 할 것인지에 대한 판단은 Visioning에 따른 조직운영전략에 의해 결정되어져야 하는 것으로 설명하였다. 평가를 주로 성과평가와 역량평가로 구분하여 진행한다는 점을 감안하면, 기본급 산정의 기준을 성과로 할 것인지 역량으로 할 것인지가 중요할 것이다. 즉, 조직운영전략에서 성과와 역량 중 어떤 것으로 보상하는 것으로 정했는지가 해답이다.

또한 이런 고민에서 자유로워지고자 하는 기업은 양자를 혼합하는 방법으로 고민을 피하기도 한다. 사업의 종류나 진행이 안정적인 조직에서는 개인의 역량이 성과로 나타나게 되므로 정량적 성과의 비중을 높이는 게 좋을 것이고, 새로운 사업개척의 영역이거나 환경의 영향을 많이 받는 조직에서는 정량적으로 측정된 성과가 개인의 기여를 정확하게 나타내지 못하는 경우가 많으므로 정성적인 성과나 역량의 비중을 높이는 것이 유용할 것이다. 그러나 현실에서는 흑백으로 명확하게 구분되지 않는 경우가 많아 양자의 상대적인 중요성을 반영하여 종합점수로 산정하는 방법을 사용하는 예가 많다. 성과평가와 역량평가를 통합한 종합평가 결과를 보상에 반영하고자 하는 경우에는 평가등급부여 섹션에 있는 종합평가등급 산정의 내용을 참고하면 된다.

성과평가와 역량평가를 모두 반영하는 경우에 그 각각의 비중을 전체 대상자에게 일률적으로 정하는 데 문제가 있는 경우에는 당연히 해당 직종/직급/직책에 따라 별도로 정할 수도 있다. 인사담당자는 이에 대한 안건을 정리한 후 실제 논의는 의사결정권을 지닌 기구(이사회 등)를 통해 진행하는 것이 제도화 이후 원활한 운영에 도움이 될 것이다. 인사제도 설계에 참여한 인원이 실제 운영단계에서 해당 제도에 대한 주인의식을 갖게 된다. 따라서 대표이사나 인사부서에서 최적안을 직접 정하기보다는 가급적 많은 부서장을 참여시키는 것이 좋다. 부서장 전체가 아니더라도 최소한 특정 직군을 대표하는 임원들은 논의에 참여시키는 것이 좋다.

기업에서 진행되는 평가는 조직 전체에 대한 것과 개인에 대한 것으로 구분되며, 또한 성과와 역량에 관한 부분으로 구분할 수 있다. <그림 4-7>은 역량급 기준의 기본급을 책정하고 성과는 일시보상하는 형태로 정리했던 실제 사례이며, 신규입사자 교육자료에 포함했던 자료의 내용이다.

그림 4-7 평가 결과의 활용 예시

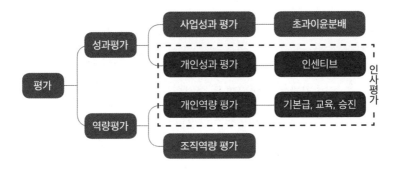

여기까지의 내용이 평가결과 중 어떤 것을 기준으로 보상에 반영할 것인지에 대한 논의였다면, 이하에서는 금전보상을 기준으로 설명하되 도출된 최종 평가결과를 어떤 방식으로 적용하여 임금조정에 반영할 것인지에 대한 설명을 하고자 한다. 평가결과를 반영한 임금조정의 방식을 설명하고, 이미 설계되었던 예시를 통해 이해를 돕고자 한다.

우리나라 중소기업 중 연봉제를 도입한 기업에서 매년 연봉계약을 조정하는데 적용되는 것은 일반적으로 세 가지 항목이다.

첫 번째가 base-up이라 부르는 임금테이블 조정이다. 독자들에게는 '임금인상률'이라는 표현이 더 익숙할 것이다. 기업의 생산성과 물가상승률 등을 고려하여 정하는 전체적인 인상률을 의미하며, 뉴스에 나오는 노조의 임금투쟁의 결과인 노사 간 단체협약을 통해 정하는 것도 바로 이것이다.

두 번째가 연차인상이다. 이는 통상 '승진/승급 조정'으로 표현할 수 있는데, 근속기간이 늘어나면서 숙련도 증가에 대한 보상을 의미한다. 이 중 승급조정은 연공급에 해당하는 항목이므로 이에 대한 반영여부는 조직의 운영전략에 맞추어 정해져야 하는 부분이다.

마지막으로 평가조정이다. 이것이 평가와 연계되는 항목이며 능력주의나 성과주의를 표방하는 기업에서는 이에 대한 반영비율이 높게 책정되어야 하는 항목이다. 반대로 연공서열을 중시하는 조직문화가 있는 경우에는 제한적으로 적용되거나 적용이 되지 않을 수 있다. 만약 실제 반영을 하지 않는 조직문화라면 평가 자체도 진행하지 않는 것을 추천한다. 만약 Y년도에 연봉이 2,000만원인 A직원과 B직원에 대해 Y+1년의 임금조정 내용이 base-up 정률 2%, 연차인상 정액 50만원이라고 가정하고, A직원은 평가 A등급(5% 인상), B직원은 B등급(평가조정 없음) 이라고 가정하면, 해당 직원들에게 Y+1년 적용될 연봉으로 제시할 금액은 아래 산식과 같이 계산할 수 있다.

표 4-18 연봉조정 예시

Y년 인사평가 결과를 반영하여 Y+1년 연봉제시액 산정 예시

A직원 : (2,000만원 + 50만원) x 1.02 x 1.05 = 2,196만원
- 조건: Y년 연봉 2,000만원, 연차인상 50만원(정액), Base up 2%, A등급 5%

B직원 : (2,000만원 + 50만원) x 1.02 x 1.00 = 2,091만원
- 조건: Y년 연봉 2,000만원, 연차인상 50만원(정액), Base up 2%, B등급 0%

위 예시는 최종 평가등급에 따른 반영을 누적적으로 계산한 것이다. 만약 평가등급에 대한 반영을 1회적 보상으로 구분한다면 A직원의 연봉제시액은 2,196만원이 아닌 2,091+105만원이 될 것이다. 여기에서 105만원은 인센티브 성격으로 Y+2년에 적용할 연봉조정 시에는 Y+1년의 연봉액으로 반영되지 않는 금액이다.

평가결과를 반영한 임금 조정분 중 일부는 누적식으로 일부는 비누적식으로 운영하고자 하는 경우에는 조정금액을 일정 비율로 분할하는 방법을 활용하여도 되고, 역량평가에 의한 임금 조정분은 누적식(기본연봉)으로 하고 성과평가에 의한 임금 조정분은 비누적식(인센티브)으로 운영하는 방법도 고려할 수 있다.

초기에는 위의 예시와 같이 간단한 방식으로 진행하는 것도 무방하나 점차 제도가 성숙하면서 새로운 요구들이 반영되게 된다. 실제 진행했던 Pay-band 제도 설계를 간략히 소개하고자 한다.

Pay-band는 동일 직급이라고 하더라도 연봉 차이가 많이 날 수 있게끔 설계가 가능한 제도이다. 상한과 하한이 존재하며, 하위 직급자라고 하더라도 고연봉을 받으면 상위 직급자보다 많은 연봉의 수령이 가능하게끔 하는 것이 취지였다.

필자가 해당 내용을 설계했던 상황은, 외부 우수인재의 내부 유입이 필요했던 시기이다. 기존 연공급제의 성격이 강한 연봉제를 시행하고 있어 우수 외부인재에 대한 유인이 곤란하였다. 이런 상황에서 외부에서 유입되는 인재에 대해 높은 연봉을 지급할 수 있는 기준을 마련하고자 진행했던 것이다. 물론 대상자가 극히 소수라면 예외적인 사항으로 처리하면 되겠지만, 당시 상황은 많은 외부인재의 수혈이 필요했고, 외부인내의 요구연봉 수준이 심하게 제각각인 상황을 고려하여 제도의 필요성이 발생하였다.

하지만 더 중요한 이유는 높은 연봉을 지급하고 모셔온 인재가 기대에 못 미치는 성과를 냈을 때 연봉의 하향조정을 용이하게 하고자 준비했던 것이다. 동일 직급 내에서 높은 연봉을 받는 직원(예시의 Band 1)이 보통 수준의 연봉을 받는 직원과 동일한 수준의 성과를 냈다면 보통 수준의 연봉자보다 차년도 연봉책정에서 불이익을 주는 것이 취지였다. 즉, 고연봉자는 당연히 고성과를 내야 한다는 가정이 저변에 있는 제도라고 이해하면 될 것이다.

여러분의 기업에 밴드제의 요구가 있을지는 모르겠으나, 기존 임금 책정 기준과 비교하여 시사점이 있는 제도인 만큼 참고로 알아두기를 바란다.

그림 4-8 Pay-band 제도에서 직급별 연봉범위와 연봉조정 예시

기본 연봉 폭 & Pay Band 설정

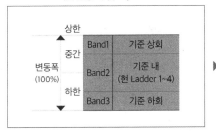

기본 연봉 폭 및 Pay Band

세부 내역

- 직급별 기본 연봉 폭 설정
  - 하한: 현재 직급초임 수준(매년 Review)
  - 상한: 의사결정사항(상위직급>하위직급)
  - 중간: Pay Policy Line 수준(현재 직급 평균값)
- 직급별 기본 연봉 폭 내 3개 Pay Band 설정
- Band 구분의 의의
  - 동일 Band 내 상/하간 연봉조정 기준액 차이 해소
  - 입사 시 과대/과소평가된 직원 연봉의 조정

기본 연봉 조정 방식	개인별 연봉 조정 = 전년 기본 연봉(1+연봉등급/Band mix 조정률)

	평가 Band	S -5%	A -20%	B -60%	C -10%	D -5%
사원급	Band1	X×1.5	X	X×0.5	동결	X×-0.5
사원급	Band2	X×2	X×1.5	X	X×0.5	동결
사원급	Band3	X×2.5	X×2	X×1.5	X	동결

- 직급별 3개의 Band를 설정하고 Band별 인상률 적용
- 인상률은 전사에서 결정하여 기본 연봉 조정을 실시함
- 향후는 전사에서 기준율 가이드를 제시하고 사업부(임원) 단위 조직의 연봉 인상 재원 한도 내에서 임원이 개인별 인상률을 조정하도록 할 예정

—— 평가결과에 따른 승진/승급 방식을 설정하자

인사제도에서 평가결과가 반영되는 항목 중 임금과 더불어 가장 많이 활용되는 것이 승진과 승급이다. 표준국어대사전에 의하면 승진 (昇進)은 '직위의 등급이나 계급이 오르는 것'으로, 승급(昇級)은 '급수나 등급이 오르는 것'으로 정의되어 있다. 계급이라는 단어가 주는 느낌으로 인해 '승진'이 조금 더 많이 위로 움직이는 것으로 생각되기는 하지만 양자의 구분은 모호한 것이 사실이다. 그리고 최근에는 승급이라는 용어보다는 승진이라는 용어가 많이 사용되는 듯하다. 어떤 조직에서는 직급상승이나 팀장발령 등에 대해 모두 승진으로 표현하고, 직급 내 연차상승(호봉인상)에 대해 승급(昇給)이라고 구분하기도 한다. 무엇이 되었든 간에 승진과 승급은 인사체계 내에서 개인의 신분 수준이나 처우를 변경하는 것을 의미한다. 신분과 처우에 대한 조정 방향과 폭을 결정하기 이를 위해서 평가가 선행되어야 한다.

전체적인 조직구조를 어떻게 가져갈 것인지와 조직구조 내에서 직급과 직책의 체계를 어떻게 가져갈 것인지에 대한 것은 조직운영전략의 조직구조에서 결정되어야 하는 이슈들이다. 또한 정해진 직책에 어떤 구성원을 임명할 것인지에 관한 것도 조직의 인재상에서 결정되어져야 하는 것이다. 따라서 설계의 기초가 되는 조직운영전략이 명확히 정해진다면 뒤따라오는 제도의 설계는 그 방향이 이미 정해져 있는 것이나 마찬가지이다. 반면 HR시스템 설계 초기의 시간과 노력을 아끼기 위해 조직운영전략이나 인재상이 대충 진행되었다면 세부 디테일을 정하는 단계에서 다시 한 번 깊은 고민을 해야 하는 상황이 발생하는 것이다.

조직운영전략에 방향이 정리되어 있다고 전제하더라도 승진/승급을 설계하는 경우 먼저 고민할 사항이 있다. 승진과 승급을 평가에 따른 보상으로 어떻게 연결시킬 것인지에 대한 논의는 기존 임금연계에 대한 부분과는 차이가 있다는 것을 인지할 필요가 있다. 단순히 호봉을 올려준다는 의미라면 임금을 조정하는 것과 유사하므로 크게 문제가 되지 않는다. 직급이 올라가면서 역할이 변하지 않는다면 이것도 문제될 것은 없다. 다만 문제가 되는 것은 팀장승진이나 본부장승진과 같은 역할이 변경되는 경우이다.

전통적인 조직에서는 승진과 승급이 유사한 형태로 나타났고, 사용하는 직급의 명칭은 직위구분과 동일하게 나타났다. 이른바 경리과장, 총무과장 등 실제로 '과'급 부서를 통솔하는 관리자를 과장으로 불렀으므로 승진심사 시 리더십과 관리능력을 당연히 파악한 후 보직이 이루어졌다. 그러나 팀제의 확대 이후 개별 직급은 역할상의 구분이 아닌 근속기간과 인사평가 결과에 따른 결과물로서 개인의 신분적 계급의 의미를 갖게 되었다. 이에 따라 승진 시 필요한 인원을 산정하여 대상자를 선발하는 절차가 아닌, 개인의 역량과 성과에 따라 승진여부를 결정하는 방식이 많이 도입되었다. 이에 따라 중소기업에서는 시간이 경과하면 특별히 일을 못하지 않는 한 당연히 승진을 하는 것으로 인식되어지고 있기도 하다.

조직은 성과를 높이기 위한 최적의 조직구조를 설계하고 운영하고자 하는 욕구가 있다. 따라서 팀장을 보임하거나 임원을 선임하는 경우에 있어서는 과거성과도 중요하지만 장래의 기여가능성이 더욱 중요하게 여겨진다. 이 경우에도 평가절차를 거치는 것은 당연하지만, 평가결과에 따른 보상이 아닌 평가를 통한 검증이라는 인식으로 접근할 필요가 있다. 통상적으로 과거에 일을 잘 한 사람이 미래에도 일을 잘 할 가능성이 높다. 그러나 일의 종류가 바뀐다거나 깊이가 달라지는 경우에 변경된 일도 무조건 잘 해내는 것은 아니다. 따라서 새로운 역할을 잘 수행해 낼 수 있는 대상을 선별하는 도구로 평가가 활용되어져야 한다는 것이다. 이런 이유로 성과평가는 보상에 적용하고, 역량평가는 승진/육성에 적용하는 양분화된 정책을 세우는 조직도 종종 볼 수 있다.

나아가 팀장 등 리더를 선정하는 평가는 인사평가와 별도로 시행하는 조직을 종종 볼 수 있다. 팀장 등 리더를 선정하는 평가를 별도로 한다고 해서 평가제도가 매우 복잡해지는 것은 아니다. 사내에 존재하는 인사위원회나 이사회를 통해 진행하되 평가의 목적을 명확히 한다면 간단히 해결되기도 하며, 채용면접과 같은 방식으로 진행하되 인터뷰를 강화하는 정도의 수준으로 나타나기도 한다. 평가를 위한 자료는 개인의 Bio data와 기존 인사평가 결과를 활용하면 무난하다. 또한 임원/팀장 등 조직의 리더를 선발하는 평가는 인사제도가 구축되지 않았더라도 이미 조직 내에서 시행되고 있을 가능성이 높다. 따라서 기존 진행하던 내용을 체계적으로 정리하거나 경영자의 의견을 확인한 후 내용을 반영하여 구체화하는 수준에서 설계가 이루어지면 될 것이다.

직급승진에 반영되는 승진포인트 제도 운영안 예시를 <그림4-9>에 제시하였다. 전통적인 조직형태에서 가장 기초적인 제도를 만드는 경우를 가정하였으며, 사원 → 대리 → 과장 → 차장 → 부장의 5단계 직급체계에서 상위직급으로 갈수록 승진의 난이도를 높이는 설계안이다.

만약 직급파괴를 단행한 기업이라면 다른 명칭으로 응용이 가능하며, 직급체류연한을 없앤 파격승진을 운영하고자 하는 기업이라면 해당 조직운영전략을 반영하여 보완하는 방식으로 활용이 가능하다.

<figure>

그림 4-9 **승진포인트 제도 예시**

승진포인트 제도 운영방안

| 승진포인트 제도 | • 인사평가 등급에 따라 개인별로 승진포인트 부여, 누적 계산
 - 인사평가 등급(연 1회)은 종합평가등급을 적용
• 직급별 승진 자격 포인트를 확보하는 직원을 승진후보자로
  선발 |

승진포인트 부여 방안

평가등급	승진포인트
S	90
A	70
B	60
C	50
D	40

• 단, 경력직 입사자의 경우 인정받은 경력년수를 반영하되 B등급 기준의 성과포인트 부여(6개월당 30P)

승진 자격 기준

직급	사원 → 대리	대리 → 과장	과장 → 차장	차장 → 부장
기준 포인트	240	240	360	420

• 사원 직급의 경우, 군 경력 보유자는 입사 시 60P를 선(先) 부여함
• 사원 직급의 경우, 석사 학위자는 120P 부여 / 박사 학위자는 4년을 인정하여 G3로 입사함
• 기본적으로 '학력'과 '자격'을 기준으로 입사 시 연한을 인정함
• 학력은 채용공고 상에 공지된 학력을 기준으로 함(예: 고졸자 모집에 학사 학위자가 지원할 경우, 고졸로 인정)

직급	사원 → 대리	대리 → 과장	과장 → 차장	차장 → 부장
최소 체류연한	3년	3년	4년	5년
표준 체류연한	4년	4년	6년	7년

• 최소 체류연한 : 최고성과자(평균 S등급)가 승진후보자로 선정되는데 소요되는 기간
 - 표준 체류연한보다 평균 1~2년 단축(표준 체류연한이 6년 이상인 경우, 장기근속에 따른 숙련도를 고려하여 최소 체류연한이 짧아질 수 있음

</figure>

——— 복리후생 설계의 접근방식을 알아보자

중소기업의 복리후생 내용을 보면 체계적이지 않은 경우가 많다. 가장 큰 이유는 실권을 갖고 있는 경영자가 직원들을 위하여 꼭 들여야 하는 비용이 아닌데도 불구하고 자금을 투입하여 실행하는 제도 정도로 인식하고 있는 경우가 많기 때문이다. 그런 이유로 인사담당자 뿐 아니라 임원들이라 할지라도 복리후생에 대해 건의하거나 입안을 하지 못하는 상황이 발생된다. 다만 특정 연도에 이익이 많이 발생하여 직원들의 임금인상 요구가 큰 상황이라면 장기적으로 고정비 부담이 되는 연봉의 상승폭을 줄이는 대신에 후생제도를 제시하는 경우가 종종 있다. 또한 그 항목도 회식비를 지원하여 팀별 회식을 할 수 있도록 하거나, 식사나 간식 지원과 같은 소소한 것들이 대부분이고, 자금여유가 있다면 콘도회원권을 구입하여 직원들이 사용할 수 있게 하는 정도가 시작단계에서 진행되는 일반적인 복리후생이다. 이는 직원들 입장에서는 회사에 대한 만족도를 높이는 역할을 하고 경영자는 생색을 낼 수 있게끔 만들어지는 경우가 많다.

앞서 본 것과 같이 보상전략은 총보상의 개념으로 접근해야 한다. 임금과 함께 성취동기를 자극할 수 있는 승진/승급이 가장 대표적인 보상의 유형임에는 틀림이 없다. 그 외에도 많은 종류의 보상방안을 찾아서 이 중 취사선택하는 것으로 보상전략 완성이 가능하므로 그리 어려운 작업은 아니다. 중요한 것은 기업에서 직원들에게 보상을 하는 이유는 여러 가지가 있겠지만 궁극적으로는 조직의 성과에 기여하도록 하기 위함이라는 것을 알아야 한다는 것이다. 따라서 보상하는 각 제도 항목들의 운영을 통해 조직에서 얻고자 하는 것을 명확히 하고 그에 적합한 운영을 해야 한다. 예를 들면 콘도회원권을 구입한다고 가정하면, 구입 목적이 직원들의 워크샵 진행 시

번거로움을 덜어주고자 하는 것인지, 아니면 직원의 휴식을 통한 사기의 제고와 생산성 향상인지, 아니면 직원 가족들의 회사에 대한 인식을 좋게 하여 직원의 근속을 지지할 수 있게 하려는 것인지에 따라 구입할 콘도 회원권의 종류가 달라질 것이다. 예를 든 것처럼 워크샵을 지원하는 것이라면 이것은 보상의 개념 중 사무환경 개선이 될 것이고 이에 맞추어 진행이 되어야 한다. 직원 가족들의 인식개선이라면 그에 걸맞은 조건의 회원권이 대상이 되어야 한다는 얘기이다.

복리후생으로 운영 가능한 제도의 종류는 매우 많다. 그 항목을 확보하고자 한다면 간단히 인터넷 검색만으로도 수백 종류는 얻을 수 있을 것이다. 수백 종류의 제도들을 간단히 살펴보는 정도만으로도 실제 시행하면 다 좋은 것들이라는 것을 알 수 있다. 그렇다고 한꺼번에 모든 것을 시행할 수는 없을 것이다. 먼저 복리후생의 목적을 정한 후 그 목적에 가장 효과적인 제도가 무엇인지에 대한 논의가 우선이라는 의미로 이해하면 된다.

여기서는 복리후생 설계방법에 대한 접근방식을 간략히 설명하고 넘어가고자 한다.

첫 번째는 복리후생의 목적을 직원들의 사기제고에 그치지 말고, 결과적으로 생산성을 향상시켜 조직성과에 기여하게 하는 것까지 염두에 두고 설계해야 한다는 것이다. 회계상 개념을 차용해서 살펴보면, 투여된 자금이 미래의 수익창출에 기여하는 것이면 자산이고 그렇지 않으면 비용이 된다. 복리후생에 들어간 금액이 직원 개개인에 도움이 된다는 그 자체로 유익하다고 말할 수 있겠으나, 한 단계 더 나아가 그것이 조직성과로 이어지지 않는다면 기업의 입장에서는 사라지는 돈과 마찬가지이다. 복리후생을 설계하는 인사담당자라면 여기까지 설명이 가능한 안목을 가져야 한다. 복리후생 제도와 조직성과와의 관계를 연결할 수 있어야 목적에 맞는 운영이 가능하다. 또한 목적을 염두에 두고 작성된 운영지침에 따라 운영하게 되면 다른 생각을 갖고 있는 주변 이해관계자들의 논리에 휘둘리지 않고 본래 목적달성에 기여하게 될 가능성이 높아질 것이다.

두 번째는 예산 베이스로 설계되어야 한다는 것이다. 자금여유가 있다면 당장에 실행할 수 있는 다양한 제도에 대해 고민을 하고, 당장의 자금이 넉넉하지 않다면 주식과 관련한 보상안을 설계하여 당장의 자금소모를 줄이고 장래의 금전적 성과로 보상이 가능한 상황을 만들 수도 있을 것이다. 주식보상은 크게 우리사주와 스톡옵션을 생각할 수 있고, 양자의 절충제도인 우리사주매수선택권도 고려해 볼 수 있다.

세 번째는 외부자원과 정부지원제도를 활용하는 것이다. 최근 기업의 복리후생 제도의 운영을 대행하는 아웃소싱 업체들이 많이 출현하였다. 이들은 기업들이 일반적으로 운영하는 복지프로그램을 설계하고, 복지제도를 부여할 기업과 이를 공급할 업체들을 모집하여 플랫폼 방식의 사업을 진행하고 있다. 직원들에게 복지를 제공하는 기업의 입장에서는 비슷한 자금지출을 통해 더 다양하고 큰 혜택을 직원들이 받을 수 있게 하는 장점이 있다. 또한 규모가 크지 않은 중소기업의 입장에서는 해당 업체를 통해 간접적으로 규모의 경제를 실현할 수 있으므로 유용한 면이 있다.

또한 고용노동부 산하 근로복지공단에서는 근로복지넷이라는 웹페이지를 통해 기업체(특히 중소기업) 근로자들이 활용할 수 있는 다양한 복지 인프라를 운영하고 있다. 자금여력이 크지 않은 중소기업에서 정부의 사업과 중복되는 사업을 내부적으로 시행하기 위해 자금과 노력을 낭비할 이유는 없을 것이다. 미리 해당 내용을 검토한 후 적절히 활용하고, 해당 내용 중 직원 개인이 부담하는 비용만을 지원하는 방법으로 운영하는 것도 비용대비 효과를 증폭 할 수 있는 방안으로 유용할 것이다.

Summary ⋯⋯⋯⋯⋯⋯⋯⋯⋯⋯⋯⋯⋯⋯⋯⋯⋯⋯⋯⋯

4편에서는 평가와 보상의 방법에 대해 설명하였다.

평가와 보상은 매우 밀접한 관련성을 갖고 있어 하나의 편제로 구성하였다.

보상에서는 가장 직접적인 금전보상인 임금이 가장 중요하다. 그러나 중소기업 입장에서 인재영입을 위해서는 금전보상만으로는 한계가 있다. 다양한 방법을 고민하고 계획하는 것이 중요하다.

각자의 조직에 맞는 임금체계, 승진체계와 함께 직원들이 소속감과 만족감을 충족시킬 수 있는 방안이 무엇인지를 고민해 보아야 한다.

중요한 것은 조직에 필요한 사람이 누구이고, 그들을 어떻게 평가하고 보상함으로써 유지할 것인지, 그들에게 어떻게 성과를 내게 할 것인지를 고민해 보면 적합한 답을 찾을 수 있을 것이다.

마치며

그리 양이 많지 않은 이 책에서 HR시스템에 필요한 모든 것을 다 설명할 수는 없었다. 하지만 여러분에게 알려주고 싶은 핵심 내용은 전달되었다고 생각한다. 인사시스템을 구축할 때 개개의 제도를 하나씩 떼어서 만들지 말고 전체적인 관점에서 방향을 잡고 구성해야 한다는 것을 꼭 말해주고 싶었다.

전체 관점에서 가장 중요한 것은 조직문화이며, 인사제도는 조직문화를 담고 있어야 한다. 이 책에서는 조직문화를 파악하고 정의하는 내용을 Visioning으로 설명하였다. 대기업도 마찬가지이지만 중소기업은 특히 경영자의 생각이 조직문화로 현출되는 경우가 많다. 따라서 경영자의 생각을 정확하게 파악하고 그것을 HR시스템에 녹여내는 작업이 필요하다는 것으로 귀결된다.

조직문화는 성숙도나 매력도의 수준을 불문하고 인사제도에 반영되어야 한다. 조직문화가 반영되지 않은 인사제도는 직원들을 혼란에 빠뜨리는 함정이 된다. 조직 구성원들은 조직문화에 맞추어 행동하게 된다. 하지만 그 행동을 평가하고 보상하는 제도가 다른 내용으로 구성되어 있으면 행동과 제도를 연결하기 위한 별도의 고민과 노력이 소모되므로 비효율이 발생하게 된다.

조직문화를 녹여낸 인사제도를 잘 운영하면, 더 좋은 조직문화를 만드는데 기여하게 되는 선순환구조가 이루어진다. 제도가 조직문화(경영자의 마인드)를 비추는 거울이 되기 때문에 운영과정에서 자신들의 조직문화에 대한 반성과 함께 개선을 진행할 수 있는 기회가 제공되기 때문이다. 제도에 조직문화가 반영되어 있지 않으면 개선이 이루어질 수 없다. 대부분의 중소기업들의 제도가 형식적으로 운영되다가 일정기간 경과 후 쓸모없는 제도로 치부되는 이유가 여기에 있다고 판단된다.

인사제도가 반드시 문서화되어 있을 필요는 없다. 모든 구성원이 경영자의 생각을 이해하고 그대로 행동하며 경영자도 구성원들이 인식하고 있는 경영자의 생각에 맞게 조직을 운영한다면 필요가 없다는 것이다. 그러나 문서화되어 있지 않으면 모를 수도 있고 다르게 이해할 수도 있다는 점 때문에 우리는 문서화를 진행하는 것이다. 또한 이 필요성은 조직의 규모 확대에 따라 비례하여 커지게 된다. 조직이 일정수준 이상으로 커지는 경우에 시스템 정비가 요구되는 이유이다.

기업은 성장해야 한다. 제도 설계의 오류로 혼란이 발생하면 비효율이 발생하고 해당 기업이 창출할 수 있는 성과의 크기가 작아질 수밖에 없다. 인사담당자로서 조직의 성장에 기여하지는 못하더라도 조직의 성장을 방해해서는 안 된다는 생각으로 HR시스템 구축에 임한다면 여러분이 속한 조직의 성장과 더불어 어느 순간 여러분의 역량도 함께 성장했음을 느낄 수 있을 것이다.

저자 소개

송왕제　　　　　중소기업 인적자원관리에 관한 이론과 실무를 겸비한 전문가이다. 대학에서 법학을 전공한 후 기업에서 우연한 기회에 인사관리업무를 담당하게 된 이후 현재까지 줄곧 '인사쟁이'의 길을 걷게 되었다. 기왕 시작한 인사관리 분야에서의 전문성을 확보하기 위하여 방송통신대학교에서 경영학을 공부하였으며, 이를 통하여 업무에 필요한 배경 지식의 범위를 한층 넓히는 계기를 만들었다. 20여 년간 누적된 인사노무관리의 이론과 실무지식을 적극적으로 활용하고자 경영지도사 자격을 취득하고 컨설팅대학원에서 석사학위를 취득하였다. 대외적으로는 중소기업연수원에서 진행되는 취업관련 프로그램에서 강사 및 멘토로 활동하였고, 도움이 필요한 기업들에게 컨설팅을 진행하고 있으며, 특히 중소기업과 스타트업에 집중하고 있다. 그 외에도 다양한 공기업 채용절차에 외부전문가위원으로 참여하고 있다. 현재 컨설팅학과 박사과정에서 수학하며 중소기업에 특화된 HR컨설팅에 관한 연구를 계속하고 있다.

정기준　　　　　KCC의 인사 담당으로 시작하여 LG전자를 거쳐, IT기업인 엔씨소프트와 네오위즈의 인사총괄 책임자로 근무한 경험이 있다. 최근 5년간은 경영지도사 자격을 보유하고, 컨설팅대학원에서 석사학위를 취득하였을 뿐만 아니라, 인사 및 경영컨설턴트와 액셀러레이터로 ㈜지구파트너스 부사장과 한국생산성본부 전문위원으로 활약하고 있다.

업종으로는 제조업부터 IT 및 문화콘텐츠산업까지, 기업 규모로는 스타트업에서 대기업에 이르기까지, 인사는 물론 경영에 대한 폭넓은 안목을 가지고 회사와 구성원의 성장과 발전을 도모하는데 대한 자부심을 가지고 있다.

NCS 기업활용 컨설팅과 일터혁신 컨설팅, 일학습병행제 프로그램 개발 등 정부 주도 사업을 수행하면서 이해한 정부 정책의 방향과 기업체 자문, 컨설팅 및 전문 경영인으로서 파악한 기업의 요구 사항은 물론 스타트업 액셀러레이터로서 기업의 인사 및 경영에 관한 고민과 문제를 누구보다 잘 알고 있다.

기업의 인사전문가로서, 경영진의 구성원으로서, 전문 컨설턴트로서, 스타트업의 투자자 및 멘토로서 다양한 시각으로 기업의 인사와 경영 측면에 실질적인 도움을 주고 있다.